Inspiration

HARZ

Natur- und Wanderhighlights

37

Touren & Tipps

DER INHALT

Inspiration
Die Top-Highlights & die Karte dazu **04**

Übersichtskarte
mit allen Highlights **06**

Der Harz
und alles rundherum **08**

Oberharz
Inspirationen im Oberharz **14**

Mittelharz
Inspirationen im Mittelharz **48**

Ostharz
Inspirationen im Ostharz **74**

Süd Harz
Inspirationen im Süden **83**

Hinweise, Tipps
und Legende **96**

OUTDOOR-TOUREN & TIPPS

37

INSPIRATION

Highlights

Kleine Dörfer, magische Wasserfälle, versteckte Badeplätze, steile Gipfel, verborgene Buchten und bezaubernde Aussichten. Einfach aufbrechen und neue Orte erkunden – was gibt es Schöneres? Damit du deine Zeit nicht mit Suchen verbringst und gleich die schönsten Ziele ansteuerst gibt es die Reihe *Inspirations.*

Eine Sammlung an Outdoor-Zielen, die sich zudem noch mit einer Wandertour verbinden lassen. Wir präsentieren dir ausgewählte Highlights aus der Region, Sehenswürdigkeiten, Geheimtipps und traumhafte Naturperlen – *Inspiration im Hosentaschenformat* für deinen Aufenthalt.

Mit unseren *Inspirationen* sind herrliche Outdoor-Erlebnisse garantiert. Die Auswahl stammt aus unseren renommierten KOMPASS-Wanderführern, in welchen die vollständigen Wandertouren-Beschreibungen zu finden sind.

Der KOMPASS-Verlag ist bekannt für seine Wanderkarten. Damit du dich noch besser auf deine Entdeckertouren vorbereiten kannst und vor Ort immer weißt wo du bist, gibt es die Touren & die passenden GPX-Tracks gratis in der KOMPASS-App.

WISSEN, WO ES LANG GEHT!
KOMPASS-APP & GPX-TRACKS

Alle Touren in der KOMPASS-App!
Wir erklären dir, wie es geht: Einfach QR-Code scannen, oder Seite über den Link aufrufen, der Anleitung folgen und los geht's!

https://link.kompass.de/79w5q

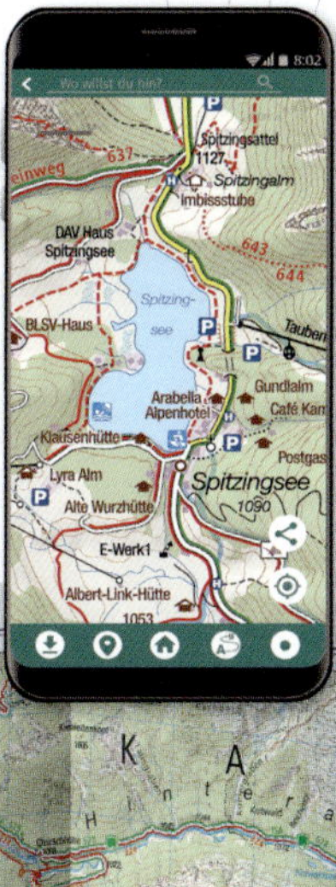

GPX-Track zum Download:
Für das Navigationsgerät deiner Wahl haben wir alle Touren auch als GPX-Track auf unserer Homepage.

https://link.kompass.de/1ypmg

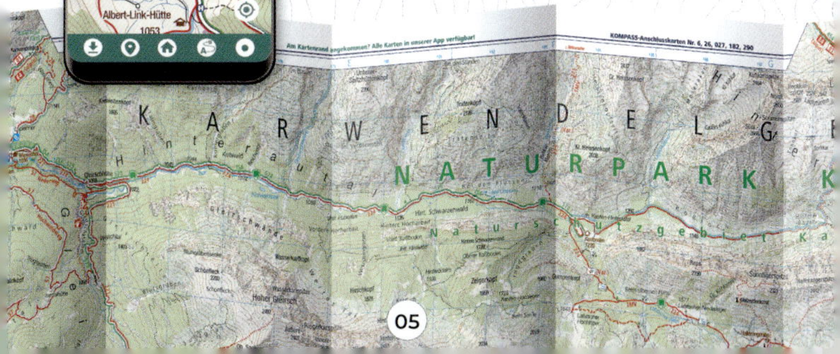

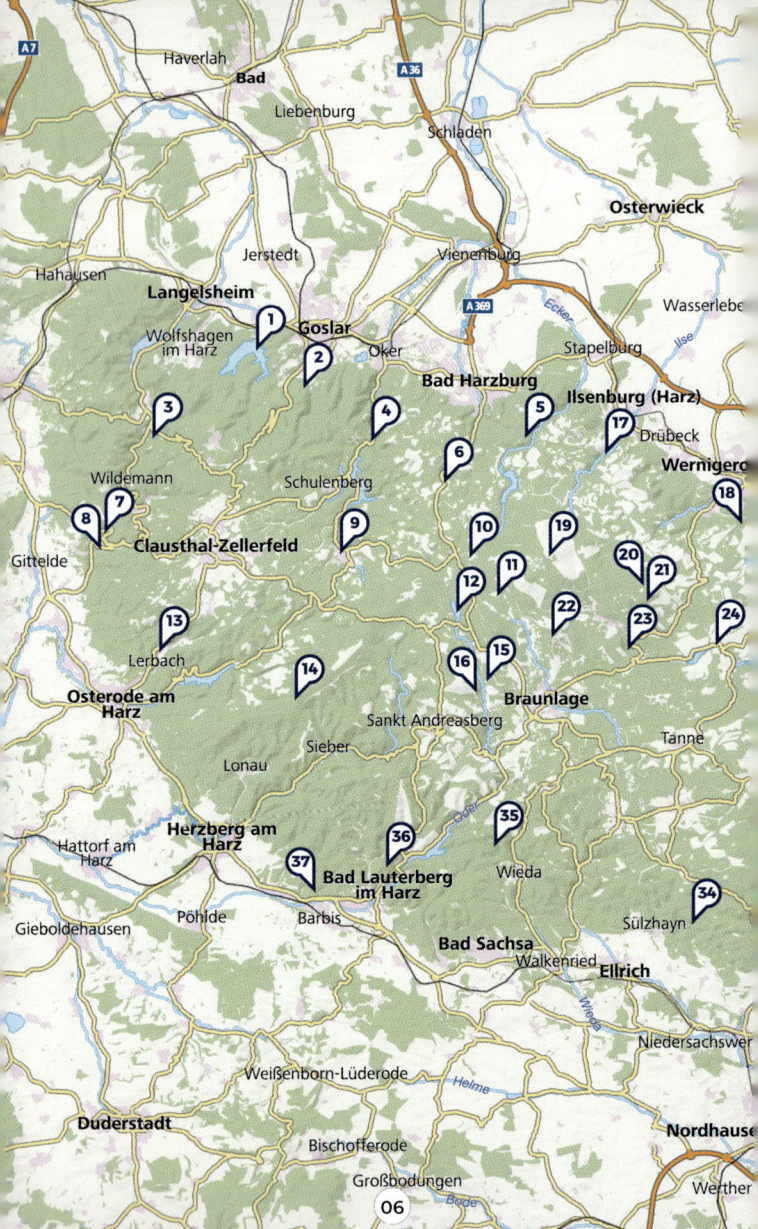

DER HARZ
und alles rundherum

Nationalpark, Naturpark & Biosphärenreservat

Das Gebirge des Harzes erstreckt sich über eine Fläche von 2.226 km² mit einer Länge von 110 km und einer Breite von ca. 40 km. Es liegt in den Bundesländern Sachsen-Anhalt, Niedersachsen und Thüringen. Im Harz gibt es neben dem Nationalpark vier rechtlich eigenständige Naturparks und ein Biosphärenreservat. Seinen Namen hat der Harz vom mittelhochdeutschen Wort „hart", was so viel bedeutet wie „das bewaldete Bergland". Der Nationalpark Harz ist einer der größten deutschen Waldnationalparks und der erste länderübergreifende Nationalpark in Deutschland.

Dabei bedeckt der Wald 97% der Nationalparkfläche und bietet über 10.000 Tier- und Pflanzenarten Schutz. Die Fläche um den Brocken herum bildet das größte zusammenhängende Bergfichtengebiet Mitteldeutschlands. Der Brocken ragt als höchster Gipfel mit 1.141 Metern empor. Er trägt seinen Namen nach den weitflächigen Bruchgebieten. Wurmberg (971m) und Achtermannshöhe (925m) sind die zweit- und dritthöchsten Berge im Nationalpark. Die typischen Wollsackverwitterungen an den Granitfelsen sind keine Seltenheit. Ecker, Ilse und Oder haben tiefe Täler ins Gebiet geschnitten. Und auch die jahrhundertelange, wirtschaftliche Nutzung hat ihre Spuren hinterlassen: So

wurden Wassergräben wie der Rehberger Graben oder der Abbegraben geschaffen, um mit ihrem Wasser die Antriebskraft für die Bergwerke zu gewährleisten. Sie stehen als Kulturdenkmal unter Schutz.

Die natürliche Waldgrenze liegt im Harz bei 1.100 hm. Sechs Vegetationszonen reihen sich vom Tiefland bis zur Brockenkuppe aneinander, die man bei einer einzigen Wanderung erleben kann.

Der niedersächsische Naturpark Harz wurde 1960 gegründet und umfasst ca. 79.000 ha in den niedersächsischen Landkreisen Goslar und Göttingen. Er grenzt direkt an den Nationalpark an. 2003 kam dann der 166.054 ha große Naturpark Sachsen-Anhalt der Landkreise Harz und Mansfeld-Südharz dazu. Er enthält Teile des Nationalparks. Der Naturpark Südharz, 2010 gegründet, breitet sich mit 26.700 ha im thüringischen Landkreis Nordhausen aus. Schließlich wurde 2012 der Naturpark Harz Sachsen-Anhalt/Mansfelder Land 2012 ins Leben gerufen. Er umfasst eine Fläche von ca. 256 km² im Unterharz und östlichen Harzvorland.

Das Biosphärenreservat schließlich beeindruckt als Karstlandschaft Südharz mit seinen Höhlen, Erdfällen, Dolinen, Bachschwinden und Karstquellen und stellt damit ein krasses Gegenteil zum grauen Granit dar. Auf

DER HARZ
und alles rundherum

einer Fläche von 30.034 ha erstreckt es sich am Südrand des Harzes von der Landesgrenze zu Niedersachsen bis zu den Südausläufern des Mansfelder Berglandes in Pölsfeld. Ein großer Anziehungspunkt sind hier die über 200 Höhlen, einige als Schauhöhlen zugänglich (z.B. Einhornhöhle, Hermannshöhle). Zu Fuß kann man diese beeindruckende Landschaft gut über den Karstwanderweg erkunden.

Bergbau im Harz

Der Harz ist seit jeher reich an Bodenschätzen und allerlei Gesteinsarten. So erstreckte sich im Westen die größte und älteste Bergbauregion für Silber, Kupfer, Blei und Zink in Europa. Silber, Blei, Eisenerz und Gold – der Abbau dieser Schätze machte den Harz zu einer der reichsten und blühendsten Kulturlandschaften Deutschlands. Sogar schon in der Bronzezeit begann die Verwendung von Goslarer Kupfer, wie wissenschaftlich nachgewiesen werden konnte. Die Anfänge des Harzer Bergbaus lagen somit vor über 3000 Jahren am Rammelsberg. Er ist das einzige Bergwerk der Welt, das über tausend Jahre ununterbrochen in Betrieb war. Montanarchäologen finden noch heute Spuren des mittelalterlichen Arbeitsalltags unter Tage. In vielen weiteren Museen und Besucherbergwerken informieren Ausstellungen oder Ausflüge unter Tage über diesen traditionsreichen Wirtschaftszweig.

Goslar

Goslar – auch bekannt als tausendjährige Kaiserstadt oder die Stadt der Kaiser und Kumpel – liegt am nördlichen Rand des Harzes. Durchflossen wird sie vom Fluss Gose, woher auch ihr Name rührt. 922 gegründet, wurde die Stadt gut 100 Jahre später zur Kaiserstadt und zu einem der bedeutendsten Machtsitze des Römischen Reiches. Bergbau und Zugehörigkeit zur Hanse spielten ebenfalls eine wichtige Rolle in der Entwicklung der Stadt. Besonders prägend sind die vielen Fachwerkhäuser: Ihr besonderer Erhaltungszustand mit über 1500 Fachwerkhäusern unterschiedlicher Epochen, die sich im Altstadtkern innerhalb der früheren Stadtmauer befinden, brachte Goslar den Titel als UNESCO-Weltkulturerbe.

Walpurgisnacht

In der Nacht vom 30. April auf ersten Mai wird in Gedenken an die heilige Walpurga traditionell der Frühling begrüßt. Besonders um den Brocken herum wird dieser Brauch ausgelassen gefeiert. Denn nach mündlichen Überlieferungen tanzten die Hexen ihr größtes Fest auf dem Brocken. Gerade in den Nationalparkgemeinden Braunlage, St. Andreasberg, Schierke, Elend oder Altenau verwandeln sich die Ortszenten in einen quirligen Hexenkessel.

Die Sixtina des Nordens

Werner Tübkes 360-Grad Monumentalgemälde
14 Meter hoch x 123 Meter Umfang
Bad Frankenhausen

www.panorama-museum.de
© VG Bild-Kunst, Bonn 2023

Barbarossahöhle
Einfach sagenhaft!

GeoPark Kyffhäuser

Mühlen 6, 99706 Kyffhäuserland, OT Rottleben • www.hoehle.de

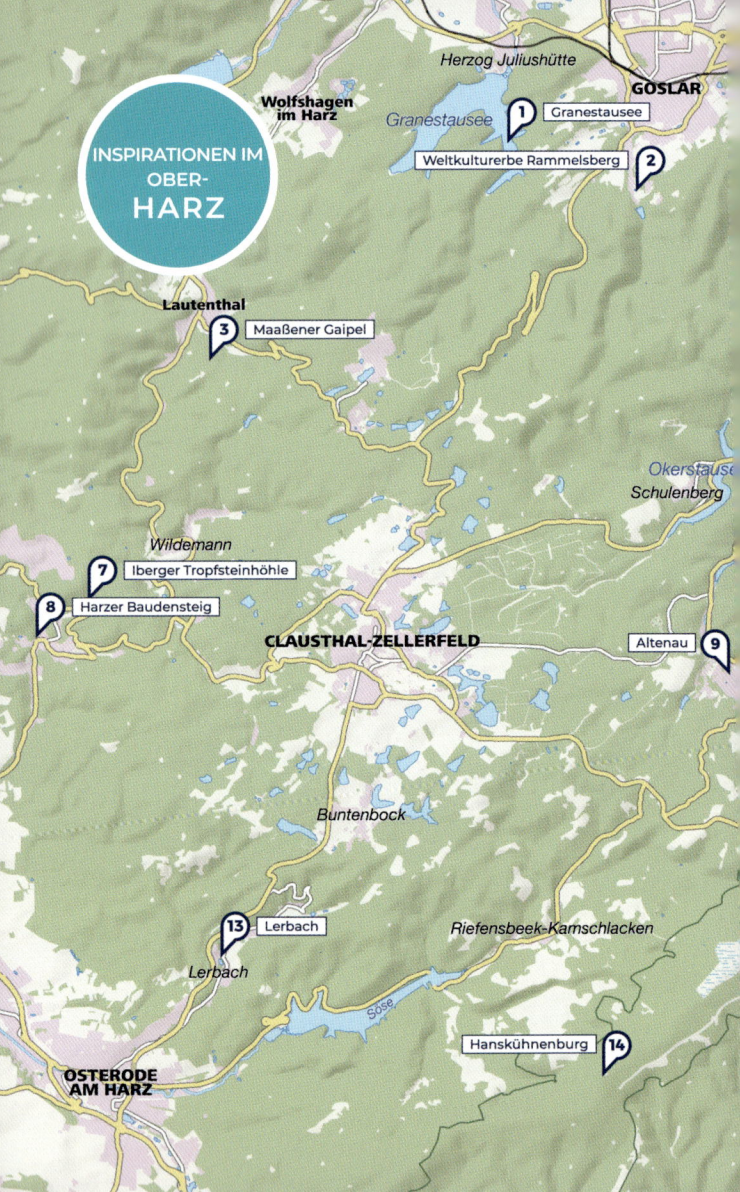

GRANE-STAUSEE

Tolle Aussichten mit Wasserbegleitung

Der Stausee wurde zwischen 1966-69 errichtet und hat einen 600 m langen und 67 m hohen Damm. Er staut das Wasser der Grane und anderer Bäche. Rundherum führt ein 16 km langer Rad- und Fußweg. Baden ist hier allerdings verboten, der Granestausee ist ein reiner Trinkwasserstausee.

Wandern im Harz, am Granestausee

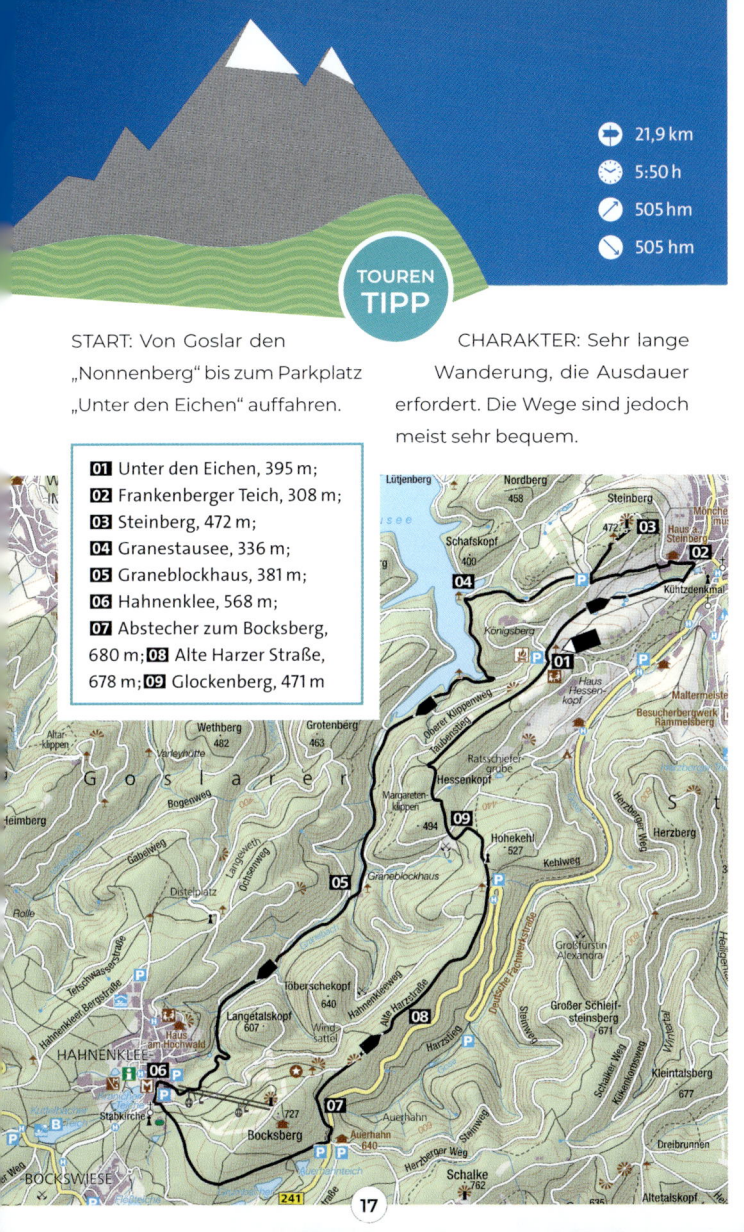

- 21,9 km
- 5:50 h
- 505 hm
- 505 hm

TOUREN TIPP

START: Von Goslar den „Nonnenberg" bis zum Parkplatz „Unter den Eichen" auffahren.

CHARAKTER: Sehr lange Wanderung, die Ausdauer erfordert. Die Wege sind jedoch meist sehr bequem.

01 Unter den Eichen, 395 m;
02 Frankenberger Teich, 308 m;
03 Steinberg, 472 m;
04 Granestausee, 336 m;
05 Graneblockhaus, 381 m;
06 Hahnenklee, 568 m;
07 Abstecher zum Bocksberg, 680 m; 08 Alte Harzer Straße, 678 m; 09 Glockenberg, 471 m

WELTKULTURERBE RAMMELSBERG

Geschichtsreiches Erzbergwerk

In unmittelbarer Nähe zum Maltermeister Turm befindet sich das Besucherbergwerk Rammelsberg. Ebenfalls zum UNESCO-Weltkulturerbe deklariert, ist das Erzbergwerk als einziges Bergwerk der Welt kontinuierlich über 1000 Jahre in Betrieb gewesen. Sein Silberreichtum und die fast 30 Millionen Tonnen Erz haben die Geschichte und Entwicklung der Stadt Goslar geprägt. Das Bergwerk kann von April bis Oktober im Rahmen einer Führung besichtigt werden. Infos unter www.rammelsberg.de

Bergwerk Rammelsberg bei Goslar

- 12,4 km
- 3:20 h
- 335 hm
- 335 hm

TOUREN TIPP

START: Parkplatz Bleiche Goslar. Schützenallee in Goslar ganz hinauf fahren, nur wenige Meter hinter dem letzten Gebäude kleiner versteckter Parkplatz auf der rechten Seite.

CHARAKTER: Vornehmlich breite Wald- und Forstwege auf dem Weg zum Naturschutzgebiet Blockschutthalde. Schmale Spazierwege in Goslar. Der Anstieg auf den Rammelsberg ist zwar lang, aber gemütlich.

- 01 Parkplatz Bleiche, 336 m;
- 02 Ausblick Goslar, 462 m;
- 03 NSG Rammelsberger Blockschutthalde, 574 m;
- 04 Waldschrathütte, 601 m;
- 05 Maltermeister Turm, 430 m;
- 06 Heidelbeerwald, 361 m;
- 07 Kaiserpfalzgarten, 289 m;
- 08 Museum im Zwinger, 266 m;
- 09 Klusfelsen, 264 m

MAASSENER GAIPEL

3

In die Vergangenheit der Bergbaugeschichte

Der Maaßener Gaipel wurde 1924 auf Initiative des Harzklubs auf dem ehemaligen Bergwerksgelände eingerichtet. Bis 1978 wurde er immer wieder erweitert, modernisiert und umgebaut. Gaipel war ein gängiger Begriff im Harz. Er steht für ein Schachtgebäude und geht auf den (Pferde-)Göpel zurück, mit dessen Hilfe früher Schachtförderungen und Wasserhaltungsmaschinen angetrieben wurden.

Förderschacht beim Maaßener Gaipel

- 15,5 km
- 4:20 h
- 360 hm
- 360 hm

TOUREN TIPP

START: Parkplatz am Maaßener Gaipel. Von der L516 aus Lautenthal kommend, nach ca. 1 km rechts einbiegen. Man kann auf der Sandstraße bis zum Gasthaus Maaßener Gaipel hochfahren.

CHARAKTER: Lange Runde, die um den Maaßener Gaipel ein wenig Trittsicherheit verlangt. Sonst meistens angenehme Wald- und Forstwege. Ab Lautenthal keine Einkehrmöglichkeit, also Brotzeit und Wasser nicht vergessen.

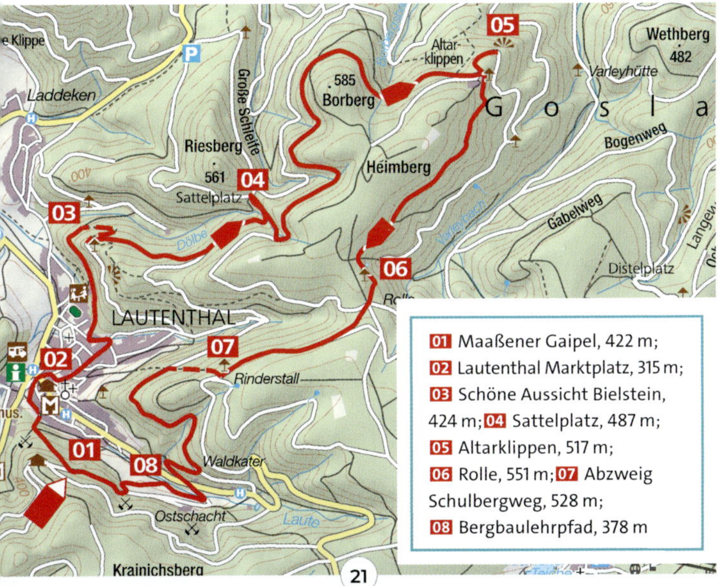

01 Maaßener Gaipel, 422 m;
02 Lautenthal Marktplatz, 315 m;
03 Schöne Aussicht Bielstein, 424 m; 04 Sattelplatz, 487 m;
05 Altarklippen, 517 m;
06 Rolle, 551 m; 07 Abzweig Schulbergweg, 528 m;
08 Bergbaulehrpfad, 378 m

ROMKERHALLER WASSERFALL

In der mystischen Klippenlandschaft oberhalb des Okertals

Gut 64 Meter stürzt sich der Wasserfall in die Tiefe. Um das Gebiet um das Ausflugsziel Romkerhalle attraktiver zu machen, wurde 1863 der künstliche Wasserfall angelegt. Im selben Jahr wurde das „Restauration und Logirhaus" vom Gastwirt Lüer aus Oker in Betrieb genommen. Zur besseren Erreichbarkeit des Anwesens ließ der Harzburger Badekommissar Hermann Dommes 1863 einen Promenadenweg von Harzburg über die Kästeklippen nach Romkerhalle anlegen. Seit Ende der 80er-Jahre wird der Ort als Königreich Romkerhalle beworben.

Der Romkerhaller Wasserfall

- 8,9 km
- 2:25 h
- 340 hm
- 340 hm

TOUREN TIPP

START: Parkplatz Romkerhalle. Von Okertal auf der B498 Richtung Schulenberg. Kurz vor dem Gasthaus Romkerhall befindet sich der Parkplatz auf der rechten Seite.

CHARAKTER: Trittsicherheit gleich zu Beginn um den Wasserfall herum erforderlich; auch bei den folgenden Klippen sollte man Vorsicht walten lassen. Der Rückweg über dem Okertal ist entspannt.

01 Romkerhalle, 341 m; 02 Einlauf Romkerhaller Wasserfall, 382 m; 03 Feigenbaumklippe, 553 m; 04 Kästeklippe, 601 m; 05 Ziegenrückenklippe, 438 m; 06 Kuhscheißenbach, 338 m

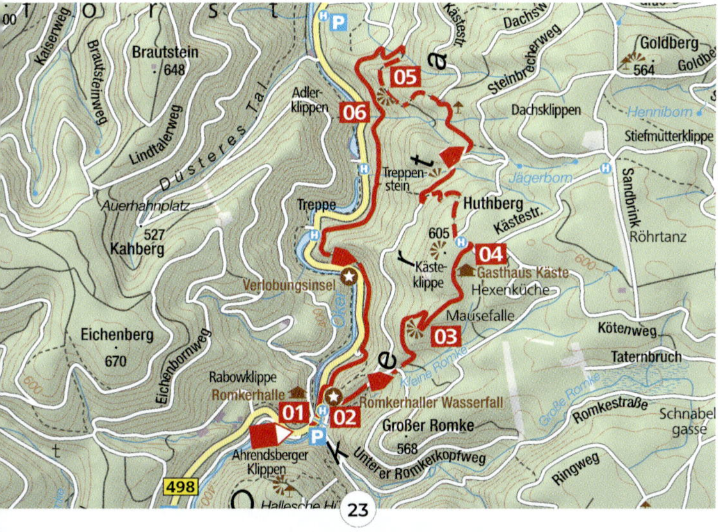

LUCHSGEHEGE BAD HARZBURG

Unterwegs zu den Wildkatzen

Luchse wurden in der Vergangenheit in Europa intensiv gejagt und ausgerottet. Mit dem Luchsprojekt Harz wurde Anfang 2000 erstmals in Deutschland ein Wiederansiedlungsversuch gestartet. Das Projekt war ein voller Erfolg: Inzwischen hat sich der Luchs im Harz wieder etabliert und breitet sich sogar über die Grenzen des nördlichsten deutschen Mittelgebirges hinweg aus. Heute erleben wir die Luchse im Luchsgehege an der Rabensteinklippe. Vielleicht ja aber auch an einem anderen Tag auf einer unserer Touren rund um den Brocken.

Junger Luchs

- 16,8 km
- 4:40 h
- 320 hm
- 320 hm

TOUREN TIPP

START: Großparkplatz am Ortseingang von Bad Harzburg. Von Torfhaus kommend auf der linken Seite. Gebührenpflichtig.

CHARAKTER: Lange Wanderung, bei der sich Waldpfade und breite Wanderwege abwechseln. Der Abstieg zum Baumwipfelpfad ist extrem steil und rutschig.

> 01 Bad Harzburg, 316 m; 02 Laubwald, 451 m; 03 Winterbergklippe, 555 m;
> 04 Rudolfklippe, 577 m; 05 Molkenhaus, 531 m; 06 Aussichtsbänke, 542 m;
> 07 Rabenklippe, 534 m; 08 Kreuz des Deutschen Ostens, 555 m;
> 09 Antoniusplatz, 460 m; 10 Baumwipfelpfad, 359 m

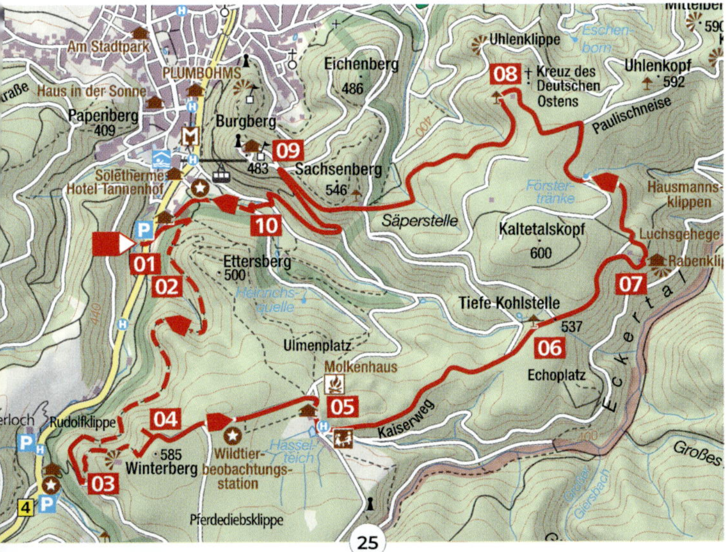

DER MARIENTEICH

Idyllischer Ort im Hochmoor

Das künstliche Gewässer wird hauptsächlich von dem westlich der Bastesiedlung entspringenden Marienbach gespeist. Der kleine Bach durchquert das Marienbruch, ein Hochmoor südlich des Marienteiches. Der Damm des Marienteiches entstand in der zweiten Hälfte des 16. Jahrhunderts. Mit kleinen Flutwellen durch das angestaute Wasser konnte man das im Harz gewonnene Holz über die Radau und die Oker bis nach Wolfenbüttel transportieren.

Aussichtsplattform am Marienteich

- 11,5 km
- 3:10 h
- 180 hm
- 180 hm

TOUREN TIPP

START: Parkplatz an der B4. Ca. 1 km nach Torfhaus auf der rechten Seite.

CHARAKTER: Breite Schotterwege und schmale Steige wechseln sich ab. Zwischen Marienteichbaude und der Bastesiedlung immer wieder Bohlensteige.

01 Parkplatz B4, 715 m;
02 Radaubrücke, 691 m;
03 Reitstieg, 650 m;
04 Basteborn, 608 m;
05 Marienteich, 611 m;
06 Bastesiedlung, 632 m;
07 Salzsteig, 623 m

IBERGER TROPFSTEINHÖHLE

Höhlenerlebniszentrum

Die Tropfsteinhöhle liegt tief im Kalk eines einstigen Korallenriffs. Heute ist sie Teil eines Museum-Konzepts, das sich unter anderem auch dem Fund eines spätbronzezeitlichen Familiengrabs widmet, das in der Lichtensteinhöhle gefunden wurde. Die Höhlen im Iberg sind nicht wie andere Höhlen entstanden, sondern auf weltweit äußerst seltene Weise: Die Verwitterung des Eisenerzes Siderit, das sich im Kalk gebildet hatte, verstärkte die Höhlenbildung. So wurde der Iberg auch für den historischen Eisenerzbergbau und Naturhöhlenbergbau schon seit etwa 100 v. Chr. bedeutend.

Ehemaliger Höhleneingang

- 12,4 km
- 3:15 h
- 400 hm
- 400 hm

TOUREN TIPP

START: Wanderparkplatz Bad Grund. Von Bad Grund über die B242 Richtung Clausthal Zellefeld. Parkplatz ca. 2 km nach Ortsausgang, hinter der Rechtskehre.

CHARAKTER: Schmale Pfade und breite Waldwege wechseln sich ab. Steiler Abstieg und etwas steilerer Anstieg vom Schweinebraten zur Luchsklippe.

---

01 Wanderparkplatz Bad Grund, 526 m; 02 Gewitterhütte, 556 m;
03 Bad Grund, 405 m; 04 Iberger Tropfsteinhöhle, 427 m;
05 Iberger Albertturm, 566 m; 06 Kreuzung Schweinebraten, 530 m;
07 Luchsklippe, 495 m; 08 Harzclub Wanderheim, 462 m

HARZER BAUDENSTEIG

Waldwanderung auf der Sonnenseite

Der Harzer Baudensteig verbindet die schönsten Waldgaststätten und Berggasthöfe (Bauden) der Harzer Sonnenseite und bietet ein Wandererlebnis mit wunderbaren Einkehrmöglichkeiten. Er führt mit braunem Symbol und zwei weißen Hütten. Auf 6 Etappen verläuft er ca. 100 km von Bad Grund bis zum Kloster Walkenried.

Das eindrucksvolle Kloster Walkenried

- 11,5 km
- 3:00 h
- 479 hm
- 479 hm

TOUREN TIPP

START: Ausgangspunkt ist der Parkplatz am Tiefenbeek in Sieber. Wir fahren den Ort von Herzberg am Harz über die L521 an.

CHARAKTER: Sehr einfache Wanderung auf leichten Wald- und Forstwegen. Hin- und Rückweg sind identisch.

- 01 Sieber, 333 m;
- 02 Naturerlebnispfad, 406 m;
- 03 Hegemeisterbrunnen, 435 m;
- 04 Brockenblick, 607 m;
- 05 Hanskühnenburg, 808 m

9 ALTENAU

Auf dem Harzer Hexenstieg entlang des Dammgrabens

Die kleine Bergstadt Altenau liegt im Zentrum von fünf Tälern am Fuße des Bruchbergs. Sie ist nicht nur als heilklimatischer Kurort bekannt, nebenbei nennt sie Europas größten Kräuterpark ihr Eigen. Hier kann man über 1.500 Gewürze und Kräuter in der GewürzGalerie bestaunen. Auf der Wanderung nach Torfhaus folgen wir kurz nach dem Okerteich dem Dammgraben. Schwere Stürme in der älteren und jüngeren Vergangenheit haben dem Weg jedoch stark zugesetzt: Nach dem Okerteich müssen wir uns den ausgetrampelten Pfad durch den Wald suchen; im Bereich des Nabentaler Wasserfalls wurde der Weg gänzlich umgeleitet.

Herrlicher Blick auf Altenau

- 9,2 km
- 2:25 h
- 422 hm
- 77 hm

TOUREN TIPP

START: Altenau. Parkplatz am Schultal Ecke Mühlenbergstraße.

CHARAKTER: Einfache Wanderung auf dem Harzer Hexenstieg, teils entlang des Dammgrabens nach Torfhaus.

> 01 Altenau, 457 m;
> 02 Okerteich, 459 m;
> 03 Silberbrunnen, 597 m;
> 04 Förster-Ludwig-Platz, 630 m;
> 05 Nabetaler Wasserfall, 656 m;
> 06 Torfhaus, 798 m

TORFHAUS-MOOR

Moorrundwanderung am Fuße des Brocken

Mit 800 hm ist Torfhaus die höchstgelegene Siedlung in Niedersachsen. Das direkt angrenzende Moor – auch Radaubornmoor genannt, da hier die Radau entspringt – gehört zu den Regenmooren und hat eine rund 10.000 Jahre alte, über fünf Meter dicke Torfschicht. 1713 bis 1786 wurde das Moor zur Torfgewinnung genutzt, woraufhin der Ort Torfhaus zu seinem Namen kam.

Unterwegs Richtung Torhausmoor

- 9,1 km
- 2:25 h
- 135 hm
- 135 hm

TOUREN TIPP

START: Großparkplatz bei Torfhaus.

CHARAKTER: Einfache Rundwanderung auf unkomplizierten Wegen. Bei Nässe matschig.

- 01 Torfhaus, 803 m;
- 02 Ulmer Weg, 717 m;
- 03 Kaiserweg, 708 m;
- 04 Luchsdenkmal, 784 m;
- 05 Torfhausmoor, 817 m

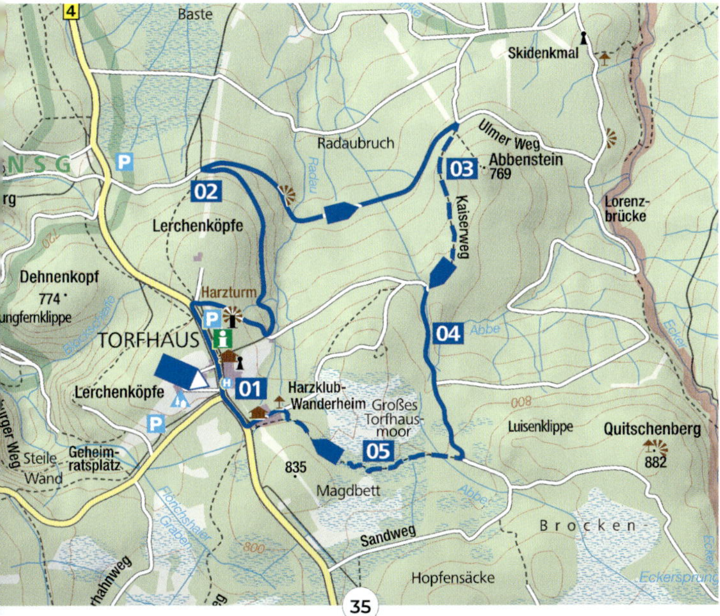

HOCHMOOR BODEBRUCH

Durch Moorlandschaft

Das Torfhausmoor ist eines von mehreren Hochmooren im Oberharz und grenzt im Norden an das Brockenfeld, im Südosten an das Rote Bruch und im Südwesten an das Oderbruch. Es ist ca. 4000 Jahre alt und somit noch relativ jung. Torfmoos kann 25 mal mehr Wasser aufnehmen, als seine Trockenmasse wiegt. Unten stirbt es mit der Zeit ab, oben wächst es weiter. Durch den Sauerstoffmangel verrottet das tote organische Material nicht vollständig und bildet Torf und damit ein Moor. Im Bodebruch entspringt die Quelle der Großen Bode.

Bodebruch

- 11,5 km
- 3:15 h
- 275 hm
- 275 hm

TOUREN TIPP

START: Parkplatz beim Ehrenfriedhof: B4, ca. 1 km hinter Oderbrück Richtung Torfhaus auf der linken Seite. In den Weg einfahren, Parkplatz liegt etwas erhöht versteckt.

CHARAKTER: Die Wege verlaufen auf dieser Runde meist auf breiten Schotterwegen, kurz nach und kurz vor dem Parkplatz über einen Wiesenpfad. Der Anstieg auf die Achtermannshöhe ist kurz, aber steil und steinig. Der Weg vom Fuße des Gipfels ist steinig und technisch schwer, ebenso wie der Pflasterweg nach Oderbrück.

> **01** Parkplatz beim Ehrenfriedhof, 822 m; **02** Rastplatz beim Brockenfeld, 868 m; **03** Brücke, 811 m; **04** Aussichtsplattform Bodebruch, 836 m; **05** Achtermannshöhe, 926 m; **06** Historischer Pflasterweg, 849 m; **07** Oderbrück, 796 m

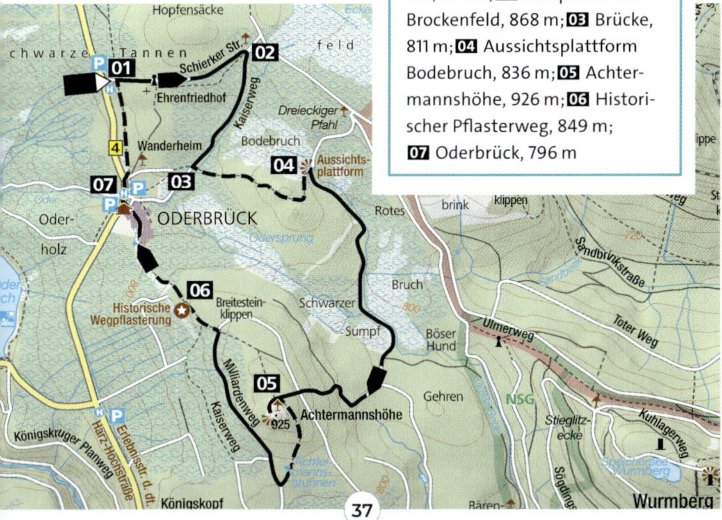

DER ODERTEICH

Am ältesten Teichdamm des Harzes

Zwischen 1715 und 1722 wurde der Oderteich errichtet. Um die Gruben besser mit Aufschlagwasser versorgen zu können, wurde die Oder am Einlaufwehr des Rehberger Grabens aufgestaut. Der berühmte Harzer Teichdamm ist mit einem Fassungsvermögen von 1,7 Millionen m³ die älteste Talsperre Deutschlands. Das Besondere an der Konstruktion des Oderteiches ist, dass er statt eines Stützkörpers aus Erdreich und Steinen verdichtet mit Rasenhaupt aus großen Granitsteinen und Granitsand besteht. Heute wird sein Wasser noch immer zur Stromerzeugung für Sankt Andreasberg genutzt. An der Westseite gibt es ein paar schöne Badestellen, die Ostseite ist der Natur vorbehalten: im angrenzenden Moorgebiet gedeihen seltene Pflanzen und viele Tiere haben hier ein Rückzugsgebiet gefunden.

Am Oderteich

- 15,7 km
- 4:15 h
- 218 hm
- 218 hm

TOUREN TIPP

START: Oderteich.

CHARAKTER: Die romantischen, wurzeligen Wege am Oderteich verlangen ein wenig Aufmerksamkeit. Danach verläuft der Weg bis Sonnenberg relativ gemütlich, mit angenehmen Steigungen.

Falls der Rupert-Meyer-Weg gesperrt sein sollte, kann man alternativ durchs Moorgebiet teils über Bohlenstiege an der B242 entlang zurückkehren.

01 Oderteich, 724 m;
02 Sonnenkappe, 825 m;
03 Rastplatz Clausthaler Flutgraben, 820 m;
04 Sonnenberg, 770 m;
05 Rehberger Planweg, 764 m

LERBACH

Das „Bergdorf" im Harz

In diesem beschaulichen Ort im Lerbachtal wurde bereits Mitte des 16. Jahrhunderts Eisenerz abgebaut. Zahlreiche Bergwerke brachten ihm auch den Ruf als „Bergdorf" ein. In der zweiten Hälfte des 19. Jahrhunderts kam der Eisenerzabbau zum Erliegen. Auf Empfehlung von Medizinern wurde Lerbach bald zum Bade- und Luftkurort.

Lerbach

- 13,2 km
- 3:40 h
- 339 hm
- 339 hm

TOUREN TIPP

START: Parkplatz Dorfmitte Buntenbock am Mittelweg

CHARAKTER: Mal breitere, mal schmälere Waldwege und -pfade. Der Anstieg auf die Kuckholzklippe ist ein wenig steil.

> 01 Dorfmitte Buntenbock, 538 m; 02 Hundschen Weg, 622 m;
> 03 Mangelhalber Tor, 541 m; 04 Marienblick, 486 m; 05 Lerbach, 335 m;
> 06 Concordiaklippe, 415 m; 07 Claras Höhe, 455 m; 08 Kuckholzklippe, 556 m

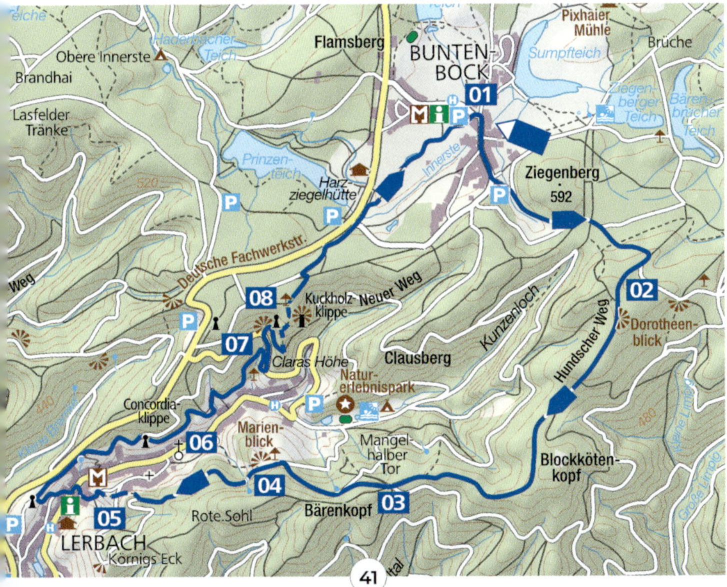

DIE HANSKÜHNENBURG

Wanderhighlight des Harz

Die Hanskühnenburg ist seit über 100 Jahren bereits DAS Wanderziel im Harz. 1889 wurde der erste Turm aus Holz eingeweiht. 1914 wurde der Holzturm zu einem Steinturm umgebaut und für die Öffentlichkeit freigegeben. In den Jahren 1974/75 wurde der Turm vom Landkreis Osterode am Harz saniert und die gesamte bauliche Anlage wurde erweitert. Vom Aussichtsturm aus hat man einen phänomenalen Blick.

Eine schöne Einkehr ist die Hanskühnenburg

- 16,8 km
- 4:45 h
- 414 hm
- 615 hm

TOUREN TIPP

START: Parkplatz am Ende der Unteren Herrentalstraße bei der Kirche in Riefensbeek.

CHARAKTER: Schwere Wanderung, die eine gute Kondition erfordert. Der Anstieg zur Hanskühnenburg ist nicht so lang, teils aber steil.

01 Riefensbeek, 426 m;
02 Pavillion Ackerblick, 502 m;
03 Grüner Platz, 741 m;
04 Hanskühnenburg, 798 m;
05 Seilerklippe, 751 m;
06 Haspelkopf, 721 m;
07 Nasser Weg, 379 m;
08 Osterode, 290 m;
09 Bushaltestelle Harz Mitte, 225 m

HAHNENKLEE-KLIPPEN

Fabelhafter Aussichtspunkt

Die Hahnenkleeklippen bilden eine 700 Meter breite Felswand über dem Odertal. Von hier oben hat man eine herrliche Aussicht auf den Rehberg und den künstlich angelegten „Rehberger Graben". Den Namen verdanken die Klippen übrigens nicht der gleichnamigen Ortschaft - er leitet sich von „Hahnenkliev" ab, was „Hohe Klippen" heißt.

Aussichtspunkt an den Klippen

- 14,2 km
- 4:00 h
- 304 hm
- 304 hm

START: Königskrug.

CHARAKTER: Schmale Pfade, teils steinig, wurzelig und steil, wechseln sich mit Wald-, Forstwegen und auch mal einem asphaltierten Weg ab.

TOUREN TIPP

- **01** Königskrug, 756 m;
- **02** Kleine Bode, 755 m;
- **03** Bärenbrücke, 712 m;
- **04** Unterer Bodefall, 627 m;
- **05** Braunlage/K68, 583 m;
- **06** Naturmythenpfad, 660 m;
- **07** Silberteich, 630 m;
- **08** Hahnenkleeklippen, 759 m

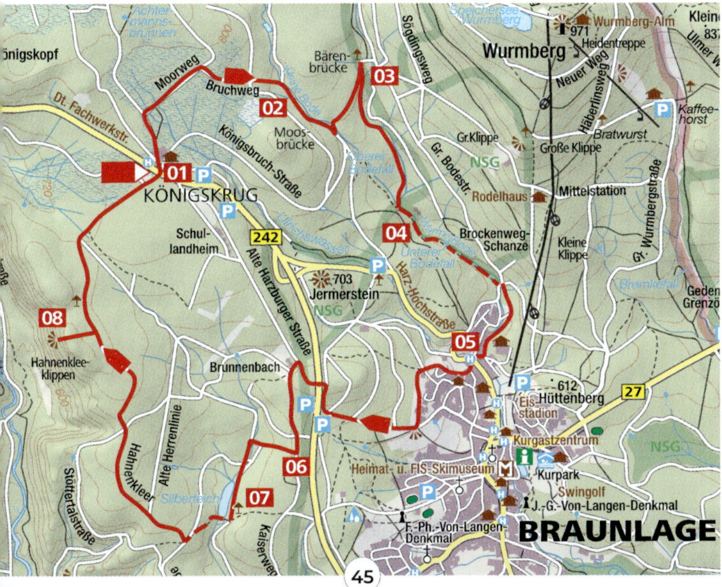

REHBERGER GRABEN

Sonnige Wanderung am Rehberger Dammgraben

Während der Bergbauzeit wurden in den letzten dreihundert Jahren Gräben mit einer Gesamtlänge von 500 km ausgehoben, um Wasser einzusammeln und zu den Bergwerken zu bringen. 143 Teiche wurden aufgestaut, um das Wasser für trockene Zeiten zu speichern. Teile davon, wie der Rehberger Graben, sind noch erhalten. An jedem Graben verläuft ein schöner Wanderweg, wodurch wir dieses bedeutende Kulturmerkmal erwandern können.

Blick herab von den Hahnenkleeklippen über den Rehberger Graben

01 Torfhaus, 815 m;
02 Oderteich, 745 m;
03 Rehberger Grabenweg, 710 m;
04 Sarghaihütte, 695 m;
05 Goetheplatz, 701 m;
06 Rehberger Grabenhaus, 675 m;
07 St. Andreasberg, 627 m

13 km
3:30 h
70 hm
260 hm

TOUREN TIPP

START: Gebührenpflichtiger Parkplatz bei Torfhaus.

CHARAKTER: Einfache Wanderung stetig abwärts über den Rehberger Dammgraben. Festes Schuhwerk sinnvoll, im Bereich des Oderteichs kann es durchaus mal matschig werden.

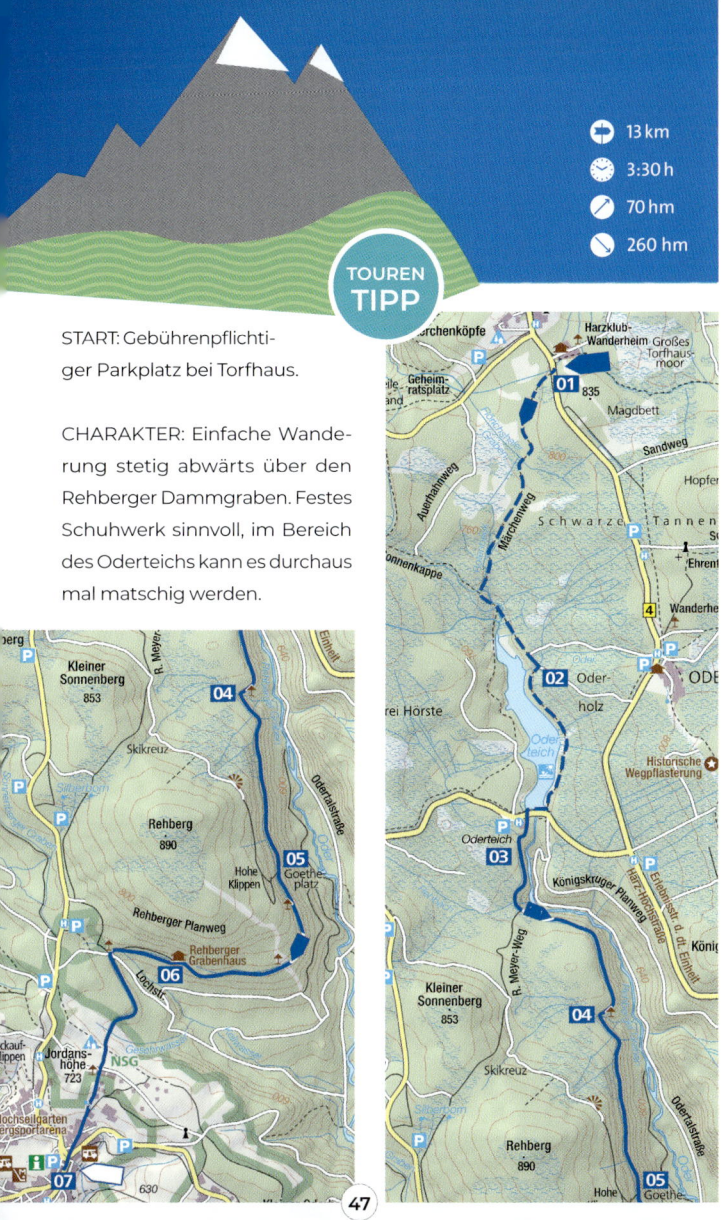

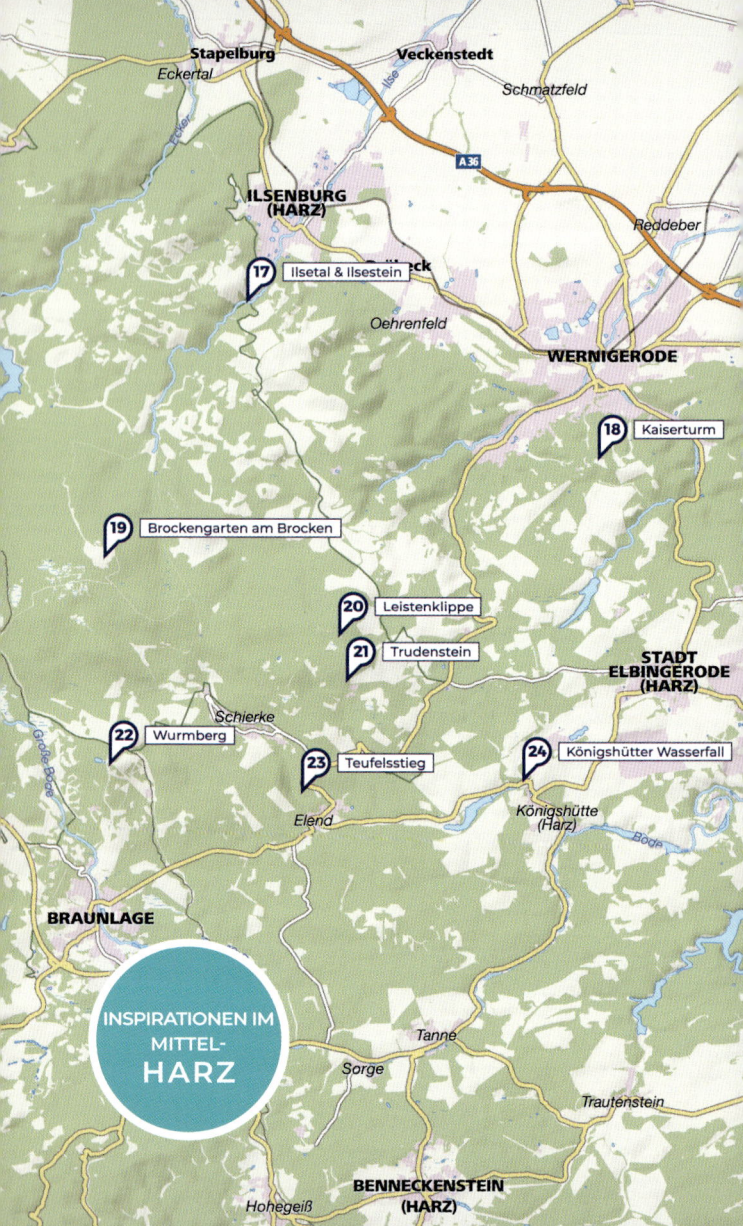

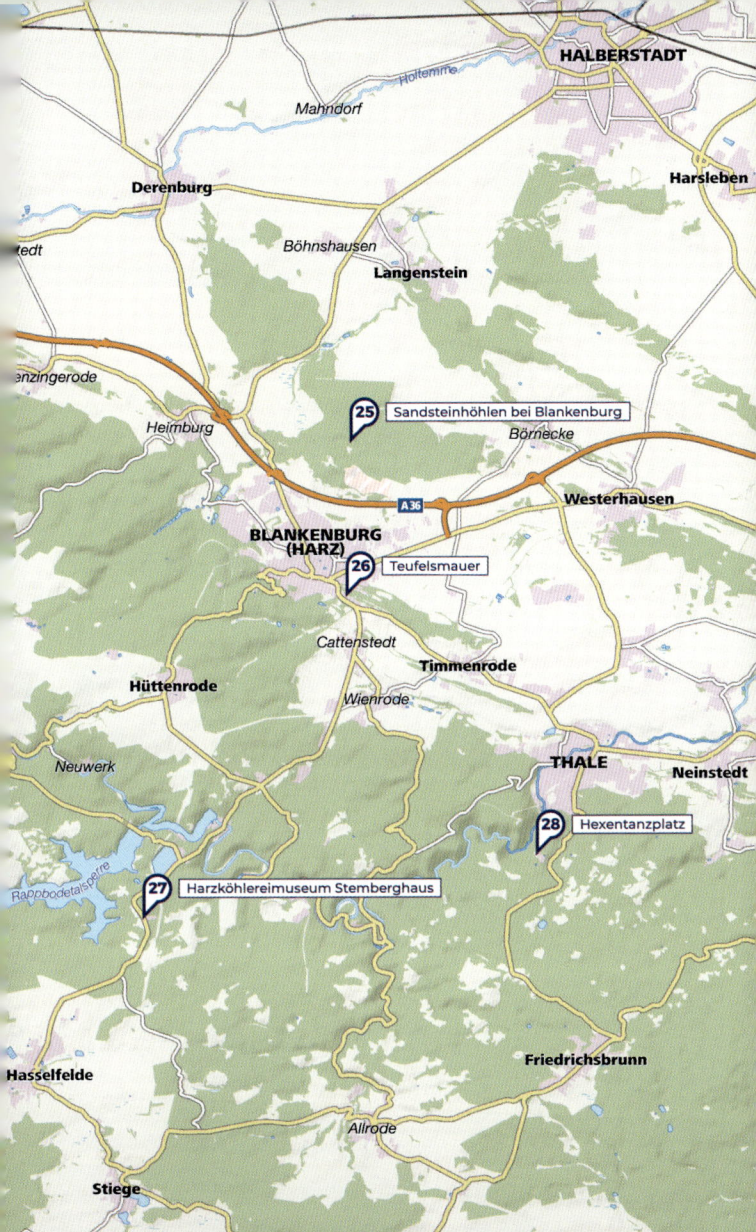

ILSETAL & ILSESTEIN

Mit Heinrich Heine durchs Ilsetal

Die Ilse gab dem Ilsetal seinen Namen. Sie entspringt am Brocken und zieht sich an seinen Nordhängen ins Tal hinab. Besonders schön ist der Heinrich-Heine-Weg, der den Fluss über die wunderschönen Ilsefälle begleitet. Das Gasthaus Plessenburg bietet eine tolle Einkehrmöglichkeit unterwegs, aber auch am Ilsestein gibt's was zu Essen. Der Ilsestein selbst ist eine Granitfelsformation und liegt 100 Meter über der Ilse. Im 10. Jahrhundert stand hier eine Trutzburg, die jedoch nach nur 100 Jahren wieder zerstört wurde.

Das Gipfelkreuz am Ilsestein

- 13,6 km
- 3:40 h
- 360 hm
- 360 hm

TOUREN TIPP

START: Parkplatz Blochhauer. Von Ilsenburg über die Mühlenstraße zum Ilsetal. An der Gabel Punierstraße befindet sich der Parkplatz links.

CHARAKTER: Rundwanderung über angenehme Wege; Trittsicherheit im Bereich der Ilsefälle sowie beim Ilsestein.

> **01** Blochhauer, 293 m; **02** Zanthierplatz, 369 m; **03** Brücke, 417 m;
> **04** Untere Ilsefälle, 476 m; **05** Obere Ilsefälle, 540 m; **06** Klippen, 569 m;
> **07** Gasthaus Plessenburg, 551 m; **08** Ilsestein, 464 m;
> **09** Linkskehre und Schutzhütte, 468 m

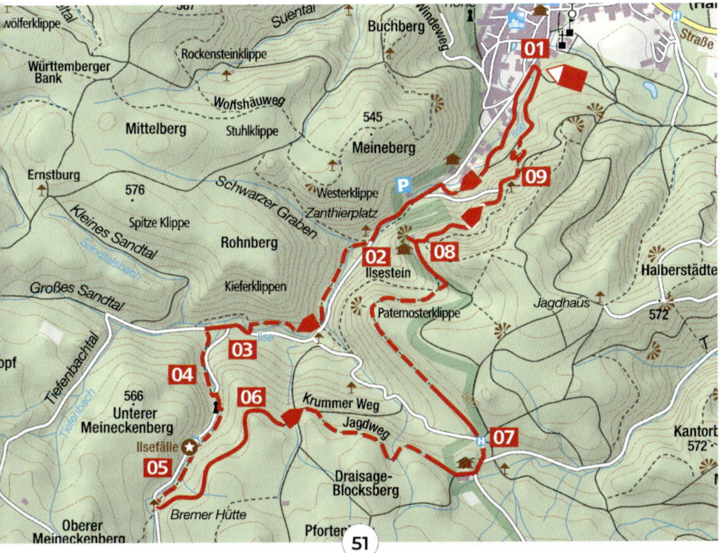

DER KAISERTURM

Durchs Salztal zum „Rapunzelturm"

Der Kaiserturm wurde vom fürstlich-stolbergischen Baumeister Paul Kilburger entworfen und zwischen dem 29. Mai und 1. September 1902 zu Ehren Kaiser Wilhelm II. errichtet. 1992 wurde der 12 m hohe Turm grundlegend saniert und wieder begehbar gemacht.

Der Kaiserturm

- 8,5 km
- 2:30 h
- 280 hm
- 280 hm

START: Gebührenpflichtiger Parkplatz „Stadtgarten" Ecke Johann-Sebastian-Bach-Straße, Wernigerode.

CHARAKTER: Schöne Runde auf breiten Wegen und auch wurzeligen Pfaden am Ende der Tour. Steile An- und Abstiege.

TOUREN TIPP

01 Wernigerode, 248 m;
02 Schiefes Haus, 248 m;
03 Salzbergstraße, 255 m;
04 Salzbergtal, 304 m;
05 Gasthaus Armeleuteberg, 449 m; 06 Kaiserturm, 467 m;
07 Harburg, 415 m;
08 Eichenhochwald, 367 m;
09 Schloss Wernigerode, 316 m

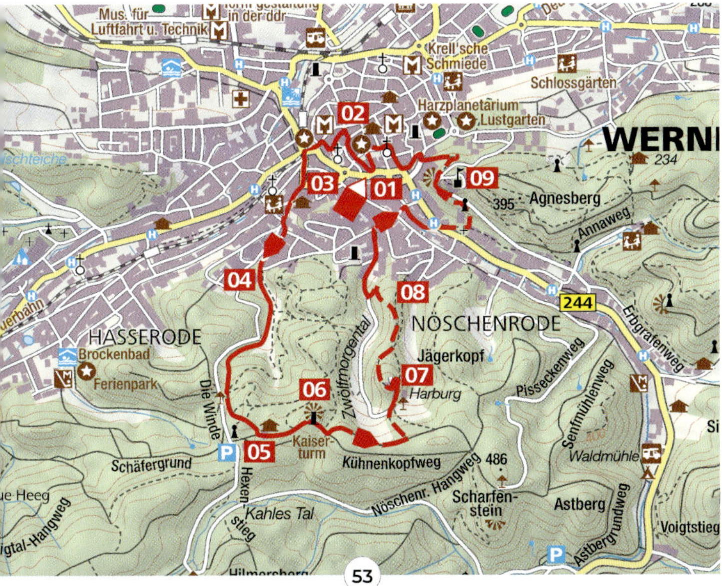

BROCKENGARTEN AM BROCKEN

Um die Ostflanke des Brocken

Auf dem „Höchsten im Harz" befindet sich der so genannte Brockengarten. In diesem botanischen Garten wachsen und blühen ca. 1500 Pflanzenarten der Hochgebirge aus aller Welt. Er besteht seit 1890 und schützt und bewahrt vom Aussterben bedrohte und sehr seltene Pflanzen.
Informationen, Öffnungszeiten und Anreise:
www.nationalpark-harz.de

Vogelperspektive auf den Brockengarten

16,4 km
4:15 h
580 hm
580 hm

TOUREN **TIPP**

START: Brocken, Bahnstation der Brockenbahn.

CHARAKTER: Die Wege sind meist recht leicht; der Abstieg vom Brocken auf dem Kolonnenweg ist steil. Im Bereich der Zeterklippen und am Brockenbett ist es recht sumpfig und steinig. Der Weg ist lang und es gibt unterwegs keine Einkehr! Also Brotzeit nicht vergessen.

- 01 Brocken, 1141 m;
- 02 Bismarckklippe, 904 m;
- 03 Herrmannsklippe, 756 m;
- 04 Stempelsbuche, 645 m;
- 05 Soldansweg, 642 m;
- 06 Molkenhausstern, 745 m;
- 07 Obere Zeterklippen, 905 m;
- 08 Brockenkinder, 921 m;
- 09 Abzweig Teufelsstieg, 1002 m

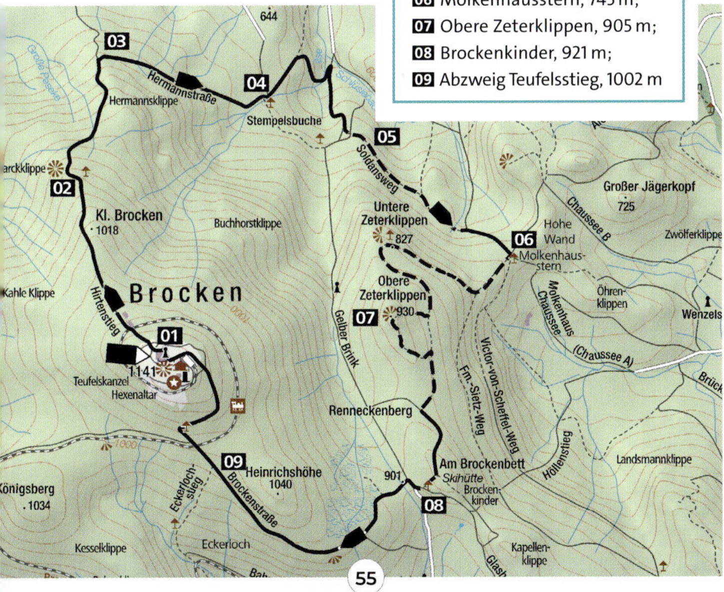

DIE LEISTENKLIPPE

Weitblick bis ins Vorland

Leistenklippe und Trudenstein, so heißen zwei Granitfelsen im Harz, die nicht nur wegen der Aussicht einen Besuch wert sind. Die Leistenklippe wurde schon recht früh für Wanderer erschlossen. Von ihrer plateauähnlichen Fläche sieht man bis ins Harzer Vorland.

Die Leistenklippe

- 12,1 km
- 3:25 h
- 370 hm
- 590 hm

TOUREN TIPP

START: Gebührenpflichtiger Parkplatz in Drei Annen Hohe.

CHARAKTER: Mittelschwere Klippenwanderung. Trittsicherheit im Gebiet der Granitfelsenlandschaft. Das erste und letzte Wegstück führt über angenehme, breite Wege. Keine Einkehr unterwegs!

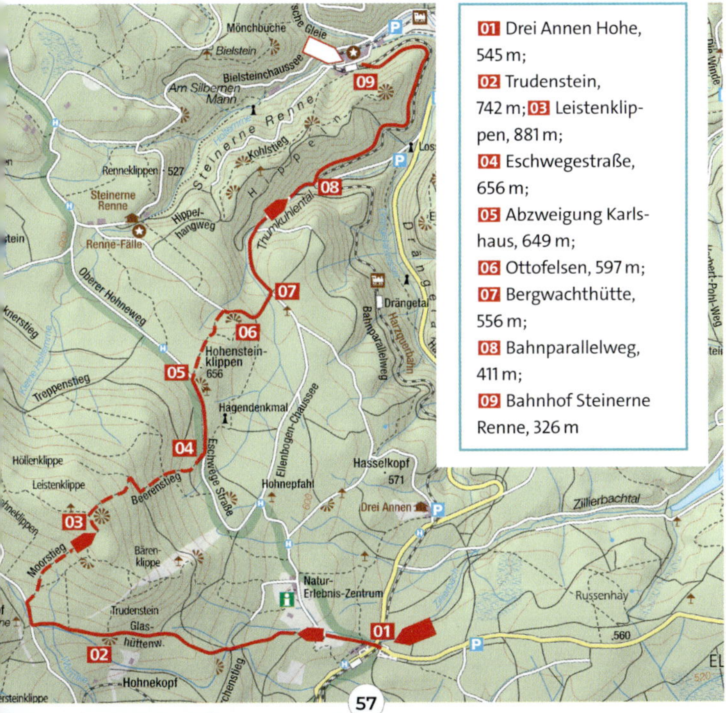

01 Drei Annen Hohe, 545 m;
02 Trudenstein, 742 m; **03** Leistenklippen, 881 m;
04 Eschwegestraße, 656 m;
05 Abzweigung Karlshaus, 649 m;
06 Ottofelsen, 597 m;
07 Bergwachthütte, 556 m;
08 Bahnparallelweg, 411 m;
09 Bahnhof Steinerne Renne, 326 m

DER TRUDENSTEIN

Verhexte Gesteinsformation

Auch der Trudenstein wurde schon Ende des 19. Jh. begehbar gemacht. Seinen Namen erhielt er von der angeblichen Ähnlichkeit mit einer Drude, einer altdeutschen hexenähnlichen Sagenfigur.

Etwas versteckt: der Trudenstein

- 9,7 km
- 2:40 h
- 340 hm
- 340 hm

START: Drei Annen Hohe. Gebührenpflichtiger Parkplatz in der Brockenstraße.

CHARAKTER: Einfache Wanderung, im Bereich der Leistenklippe und des Trudensteins Trittsicherheit von Vorteil. Sonst angenehme Wege und Steigungen.

TOUREN TIPP

01 Drei Annen Hohe, 547 m;
02 Hohnehof, 599 m;
03 Von-Eichendorff-Stieg, 640 m;
04 Glashüttenweg, 685 m;
05 Leistenklippe, 878 m;
06 Forstmeister-Sietz-Weg, 828 m; 07 Spinne, 761 m;
08 Trudenstein, 740 m;
09 Löwenzahn-Entdecker-Pfad, 579 m

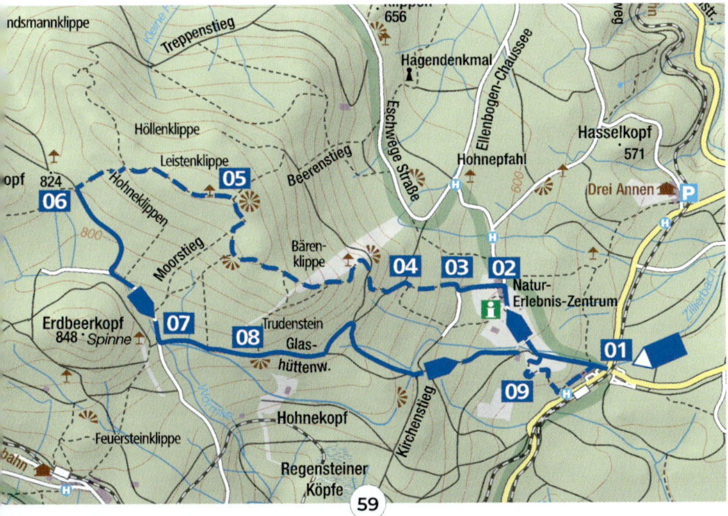

DER WURMBERG

Der höchste Berg Niedersachsens

Der Wurmberg – nicht nur höchster Berg Niedersachsens, auch zweithöchster Berg des Harz-Mittelgebirges. Der Brocken ist von seinem Gipfel aus zum Greifen nah, wird jedoch vom Tal der Kalten Bode getrennt. Bis 2006 gehörte der Wurmberg zum Naturschutzgebiet Oberharz. Um den alpinen Skiraum zu vergrößern, wurden dann jedoch nur noch zwei Teilflächen mit zusammen 183 ha Fläche am West- und Südwesthang als Naturschutzgebiet ausgewiesen. Ein Kleinod in diesem Schutzgebiet ist das Wurmbergmoor.

Der Wurmberg mit Aussichtsturm

01 Parkplatz Bremketal, 570 m; **02** Wurmbergseilbahn, 573 m; **03** Oberer Bodefall, 651 m; **04** Rastplatz „Böser Hund", 766 m; **05** Stieglitzecke, 862 m; **06** Wurmberg, 971 m; **07** Loipenhaus, 878 m; **08** Kolonnenweg, 747 m; **09** Harzer Hexenstieg, 549 m

- 17,4 km
- 4:45 h
- 503 hm
- 503 hm

TOUREN **TIPP**

START: Parkplatz Bremketal. Von Braunlage über die B27 Richtung Elend. Kleiner Parkplatz nach ca. 1,3 km auf der linken Seite.

CHARAKTER: Lange Rundwanderung, bei der einige Höhenmeter bewältigt werden müssen. Der Abstieg vom Wurmberg zum Loipenhaus ist sehr steil und steinig. Der Kolonnenweg ab Loipenhaus ist ein wenig schwer zu laufen. Der Harzer Hexenstieg an der B27 zurück zum Bremketal verlangt Orientierungssinn, auf Grund der Unmengen von herumliegenden Ästen ist er nicht immer eindeutig zu sehen! Meist unterstützen jedoch Wanderschilder.

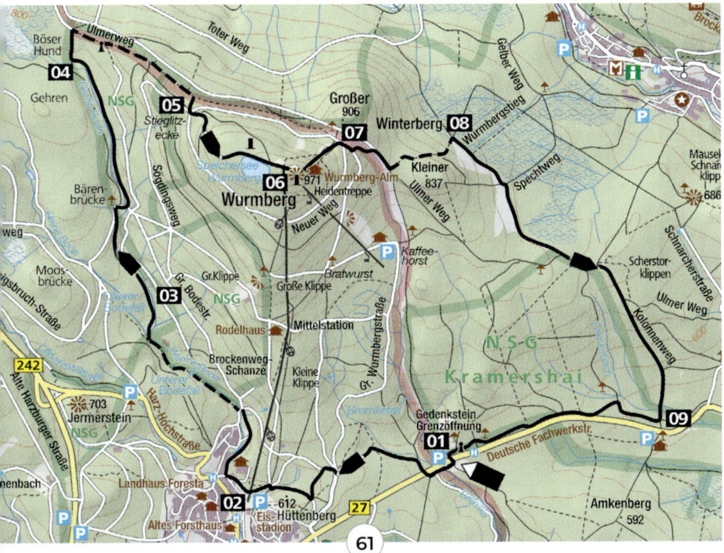

DER TEUFELSSTIEG

Mit dem Teufelsstieg auf den Höchsten des Harzes

Der Teufelsstieg übers Eckerloch gilt als der schwerste Aufstieg auf den Brocken. Wir umgehen das Elendstal aber über die Schnarcherklippen. Elend selbst war ehemals ein Weiler. Er wurde von den Bewohnern der Elendsburg gegründet: Im 12. Jh. kamen Mönche auf die verlassene Burg. Da es sich die Mönche zur Aufgabe gemacht hatten, Fremden und Pilgern in diesem unsicheren Teil des Harzes zu helfen, gründeten sie am Fuße der Burg eine Siedlung, den Weiler Elend.

Der Gipfel ist schon in Sicht!

- 10,8 km
- 2:50 h
- 768 hm
- 123 hm

TOUREN TIPP

START: Parkplatz Elend an der B27. Direkt am Kreisverkehr.

CHARAKTER: Schwerer Aufstieg auf den Brocken. Die schmalen, wurzeligen und steinigen Pfade verlangen Trittsicherheit. Zwischendurch angenehme Wege.

01 Elend, 493 m; **02** Aussichtskanzel Barenberg, 618 m; **03** Schnarcherklippen, 671 m; **04** Mäuseklippen, 675 m; **05** Schierke, 587 m;

06 Sandbrinkstraße, 636 m; **07** Eckerlochstieg, 670 m; **08** Schmalspurbahn, 1029 m; **09** Brocken, 1141 m

KÖNIGSHÜTTER WASSERFALL

Plätscherndes Schauspiel

Der Wasserfall wurde 1994 künstlich angelegt. Ihn speist ein kleines, namenloses Bächlein, das gut zwei Kilometer nordöstlich unweit des Kalkwerkes Hornberg entspringt. Das Wasser stürzt über einen Felsvorsprung 15 Meter in die Tiefe. Unterhalb des Wasserfalls mündet der kleine Bach nach wenigen Dutzend Metern in die Kalte Bode.

Am Königshütter Wasserfall

- 12 km
- 3:30 h
- 155 hm
- 155 hm

TOUREN TIPP

START: Drei Annen Hohe. Parkplatz in der Brockenstraße.

CHARAKTER: Einfache Wanderung. Auf Grund von Baumfällarbeiten und Wegsperrungen bzw. Umleitungen an der Mandelholzsperre ist Orientierung wichtig! Teils spärliche Wegschilder auf dem Abschnitt bei den Rabensteinen.

- 01 Drei Annen Hohe, 547 m;
- 02 Steinbachtal, 478 m;
- 03 Aussichtspunkte, 488 m;
- 04 Königshütter Wasserfall, 456 m;
- 05 Mandelholztalsperre, 483 m;
- 06 Mandelholz, 472 m;
- 07 Abzweig Sachsheuweg, 522 m

SANDSTEINHÖHLEN BEI BLANKENBURG

Durch Blankenburgs Wälder

Die Sandsteinhöhlen unterhalb des Regensteins liegen gut versteckt und gehören somit zu den Geheimtipps im Harz. In frühgeschichtlicher Zeit sollen die Germanen diesen Platz als Versammlungsplatz genutzt haben. Vom Mittelalter bis Ende des 19. Jahrhunderts wurde hier reiner weißer Stubensand gewonnen.

An den kleinen Sandsteinhöhlen

- 7,1 km
- 2:00 h
- 120 hm
- 120 hm

TOUREN TIPP

START: Parkplatz Regenstein. Von der A21 Ausfahrt Blankenburg Mitte. Dann über die B81 auf „Am Platenberg". Der Straße unter der Autobahn hindurch folgen bis zum Parkplatz.

CHARAKTER: Einfache kurze Wanderung. Im Gelände um die Burg ist es steil.

> **01** Parkplatz Regenstein, 241 m; **02** Burg Regenstein, 27 m;
> **03** Regensteinmühle, 225 m; **04** Kleine Sandsteinhöhle, 188 m;
> **05** Große Sandsteinhöhle, 181 m; **06** Bastion Ludwigsburg, 224 m

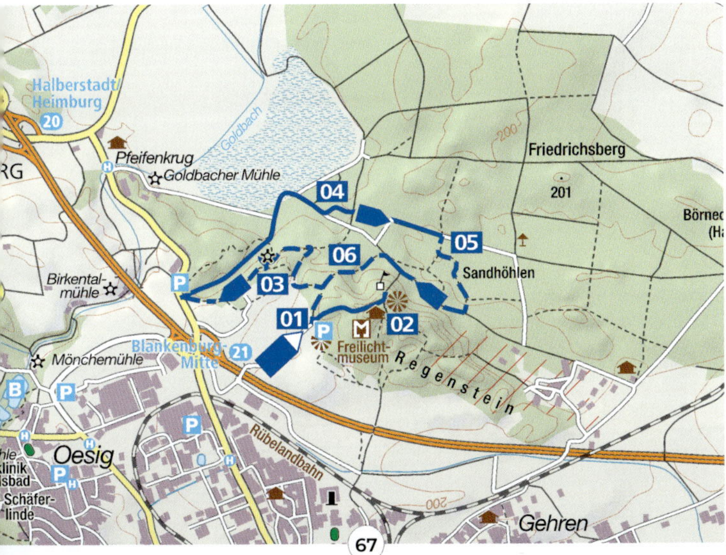

DIE TEUFELSMAUER

Sportliche Natur-Kletter-Kraxelei

Die zerklüftete Sandsteinrippe der Teufelsmauer ist ein beliebtes Ausflugsziel vor allem für sportlichere Wanderer. Verschlungene Pfade führen sowohl am Südhang wie auch über den Kammweg zum bekannten Hamburger Wappen. Geologisch entstand der Sandstein des Naturdenkmals Teufelsmauer vor ca. 85 Millionen Jahren als Ablagerung in den Meeren der Oberkreide. Diese Schichten wurden durch Hebung des Harzes steil aufgerichtet, so dass entlang des nördlichen Harzrandes eine einmalige Schichtrippenlandschaft entstand.

Das Hamburger Wappen an der Teufelsmauer

- 7,7 km
- 2:20 h
- 150 hm
- 150 hm

TOUREN TIPP

START: Parkplatz Hasselfelder Straße, Ecke Heidelberg in Blankenburg.

CHARAKTER: Kurze, aber sehr spannende Felswanderung. Trittsicherheit Voraussetzung.

01 Parkplatz Heidelberg, 262 m; **02** Südhang Teufelsmauer, 290 m; **03** Wegkreuzung, 255 m; **04** Hamburger Wappen, 235 m; **05** Kuxburgblick, 207 m; **06** Anstieg zur Teufelsmauer, 247 m; **07** Großvaterfelsen, 297 m

27 HARZKÖHLEREI-MUSEUM STEMBERGHAUS

Auf den Spuren der Köhler

Im Museum der Harzköhlerei am Stemberghaus werden auf traditionelle Art jährlich 50 Tonnen Holzkohle hergestellt. Das Museum zeigt die Entwicklungsgeschichte der Kohleherstellung und die harte Arbeit der Köhler. Im angrenzenden Gasthaus werden Speisen serviert wie anno dazumal. Zudem können die Köhlerprodukte im Köhlerladen käuflich erworben werden.

Harzköhlereimuseum Stemberghaus

- 6,8 km
- 1:45 h
- 86 hm
- 68 hm

TOUREN TIPP

START: Busbahnhof Hasselfelde in der Hagenstraße.

CHARAKTER: Einfache, eher kürzere Wanderung auf angenehmen Wegen. Viele informative Schautafeln unterwegs.

- 01 Hasselfelde, 463 m;
- 02 Kurpark, 447 m;
- 03 Mittelteich, 455 m;
- 04 Schutzhütte, 497 m;
- 05 Stemberghaus, 481 m

HEXENTANZ-PLATZ

Open-Theaterschauplatz

Der Hexentanzplatz in Thale hält viele Möglichkeiten bereit, den Tag zu verbringen. Eine Seilbahn bringt den Besucher hinauf zur Erlebniswelt, von der aus man wunderbare Ausblicke in das oft mystisch wirkende Bodetal genießen kann. Kulturelle Höhepunkte für Kinder und Erwachsene bietet das Harzer Bergtheater mit wechselnden Aufführungen. Sogar einen Tierpark mit über 70 Tierarten, die im Harz heimisch sind oder waren, gibt es. Mit der Allwetterrodelbahn kann man in kurviger Fahrt hinabsausen.

Die Hex gehört einfach zum Hexentanzplatz

- 15,8 km
- 4:30 h
- 230 hm
- 230 hm

TOUREN TIPP

START: Bahnhof Bad Sachsa

CHARAKTER: Im Mittelstück der Tour schmale Pfade. Am Höllstein-Klippenweg wurzelig, Stolpergefahr. Vorsicht, hier gibt es Steilabbrüche!

- 01 Bahnhof Bad Sachsa, 285 m;
- 02 Kranichteiche, 274 m;
- 03 Priesterteinhöhle, 277 m;
- 04 Sachsensteinklippen, 314 m;
- 05 Zwergenschmiede, 293 m;
- 06 Höllstein-Klippenweg, 292 m;
- 07 Röseteich, 282 m;
- 08 Steinbruch Kahler Kopf, 270 m;
- 09 Juliushütte, 267 m;
- 10 Hexentanzplatz, 330 m;
- 11 Zisterzienserkloster Walkenried, 268 m;
- 12 Bahnhof Walkenried, 275 m

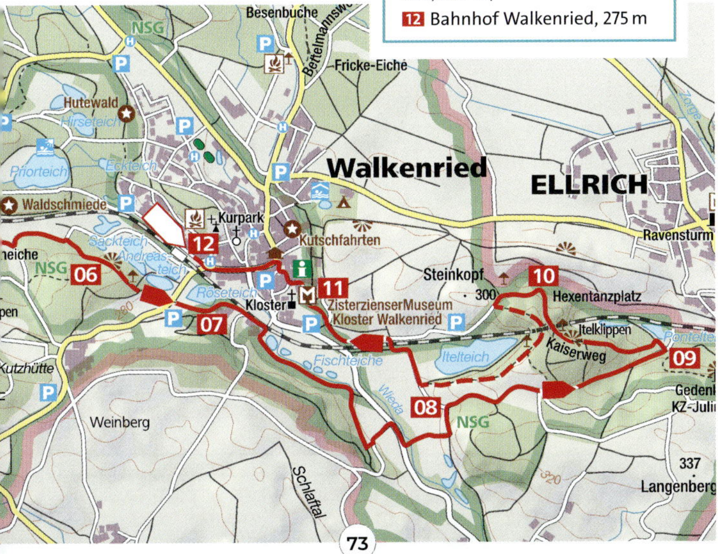

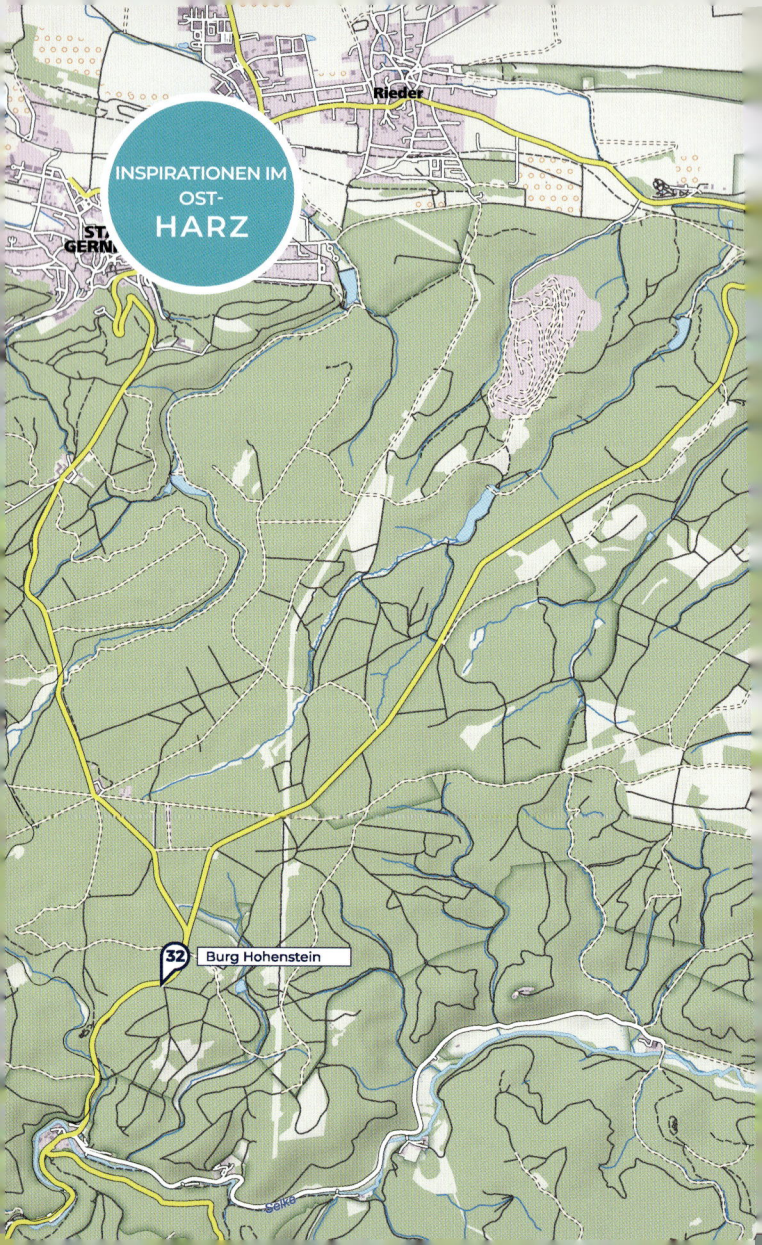

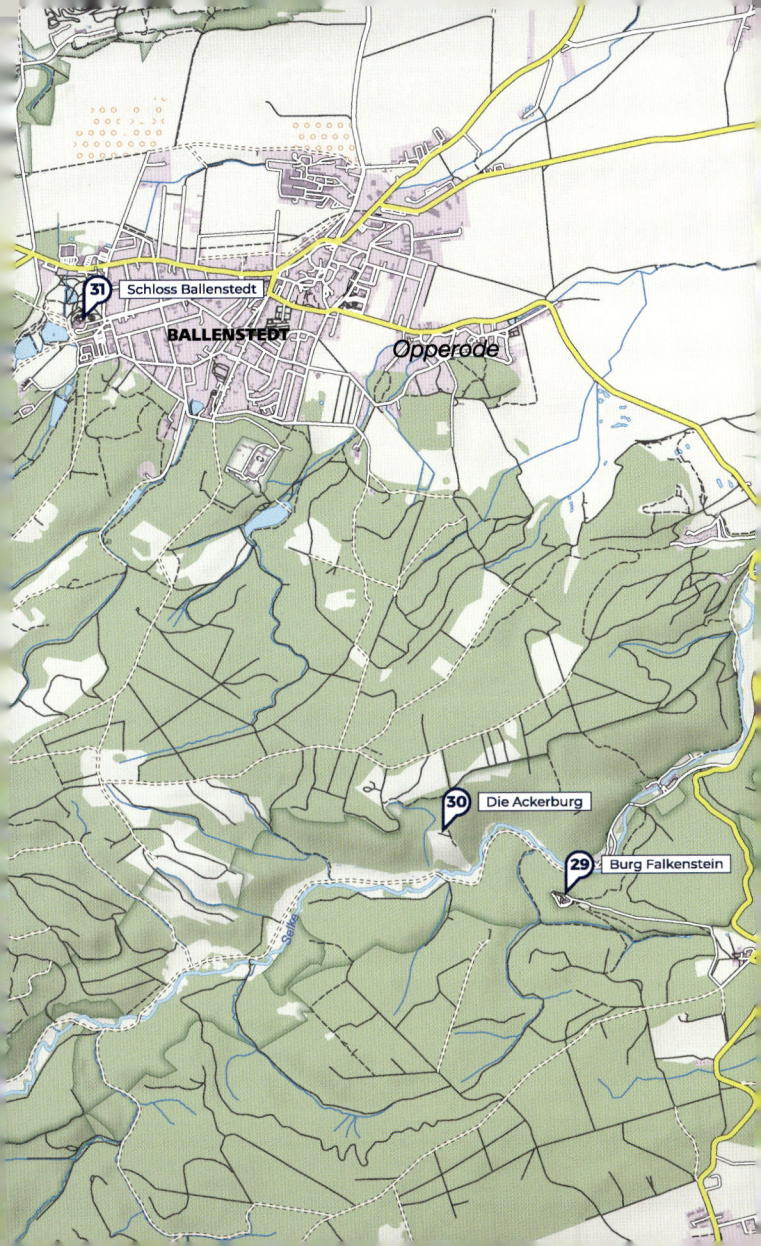

BURG FALKENSTEIN

Ein Relikt aus dem 13. Jahrhundert

Burg Falkenstein ist die einzige erhalten gebliebene Burg im Harz. Bekannt wurde sie durch Eike von Repgow – er übertrug hier den Sachsenspiegel ins Deutsche. Der „Sachsenspiegel" entstand zwischen 1220 und 1235 und war das bedeutendste deutschsprachige Rechtsbuch des Mittelalters. Das Burgmuseum zeigt eine Dauerausstellung zu Eike von Repgow und den Asseburgen. Oberhalb und unterhalb der Burg befinden sich die beiden noch in Form von Wällen erkennbaren Vorburgen. Auf Burg Falkenstein gibt es viel zu entdecken, hierfür sollten wir ein wenig Zeit einplanen.

Erhaben steht die Burg Falkenstein da

- 11,4 km
- 3:15 h
- 200 hm
- 200 hm

TOUREN TIPP

START: Gasthaus Falken. Auf der L230 kurz nach Meisdorf rechts auf „Selketal" einbiegen.

CHARAKTER: Einfache Wanderung auf meist breiten Wegen. Gut markiert. Abstieg von Burg Falkenstein ist steil.

01 Gasthaus Falken, 225 m; 02 Akkeburgbrücke, 224 m;
03 Schutzhütte am Mettenberg, 227 m; 04 Friederikenstraße, 378 m;
05 Weiher mit Infotafeln, 333 m; 06 Burg Falkenstein, 307 m

DER BURGSTALL ACKEBURG

Wo einst der Adel hauste

Die Ackeburg mit der weitreichenden Selkesicht findet als „Sitz von Burgmannen des Grafen von Falkenstein" bereits Anfang des 13. Jh. Erwähnung. Das Geschlecht de Ackeborch ist jedenfalls für das 13. Jahrhundert belegt. Doch schon hundert Jahre später wurde die Höhenburg wieder aufgegeben. So sieht man heute nichts weiter als herrlich in die Weite und ein Schild, das an die Burg erinnert auf dem Burgstall.

Ein Schild am Wall erinnert noch an die mittelalterliche Burg

- 14 km
- 3:50 h
- 270 hm
- 270 hm

TOUREN TIPP

START: Gasthaus Falken. Auf der L230 kurz nach Meisdorf rechts auf „Selketal" einbiegen.

CHARAKTER: Gut markierte, meist breite Forst- und Waldwege. Aufstieg Lumpenstieg ist steil. Ebenso sehr steiler, schmaler Pfad zum Bismarckturm.

01 Gasthaus Falken, 219 m;
02 Schutzhütte Engel-Badeborn, 334 m; **03** Selkesicht, 313 m;
04 Harzklub Blockhütte, 333 m;
05 Am Kohlenschacht, 271 m;
06 Bismarckturm, 256 m;
07 Schlossanlage Meisdorf, 197 m;
08 Mausoleum, 194 m

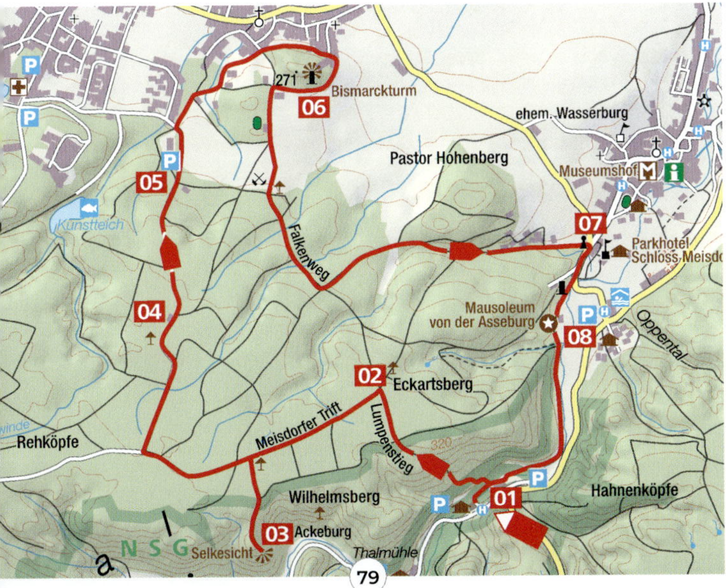

SCHLOSS BALLENSTEDT

Schlossblicke und Teichlandschaften

Das dreiflüglig angelegte Barockschloss aus dem 18. Jahrhundert wurde auf den Resten eines mittelalterlichen Klosters errichtet. Das Ballenstedter Schloss war bis 1918 Sommerresidenz und danach noch bis 1945 Wohnsitz der Herzöge von Anhalt-Dessau. Direkt neben dem Schloss befindet sich das Hoftheater. Es wurde 1788 erbaut und ist noch originalgetreu erhalten. Zudem ist es das älteste Theater in Sachsen-Anhalt.

Schloss Ballenstedt

- 16,2 km
- 4:25 h
- 240 hm
- 240 hm

TOUREN TIPP

START: Parkplatz am Osterteich. In Gernrode durch die Osterallee bis zu deren Ende.

CHARAKTER: Lange, abwechslungsreiche Runde. Vornehmlich breite Wanderwege. Abstieg zum Kleinen Siebersteinsteich steil!

01 Osterteich, 244 m; **02** Schutzhütte, 274 m; **03** Schlosspark Ballenstedt, 264 m; **04** Buttlars Grab, 315 m; **05** Kleiner Siebersteinsteich, 303 m; **06** Großer Siebersteinsteich, 347 m; **07** Riederische Drift, 373 m

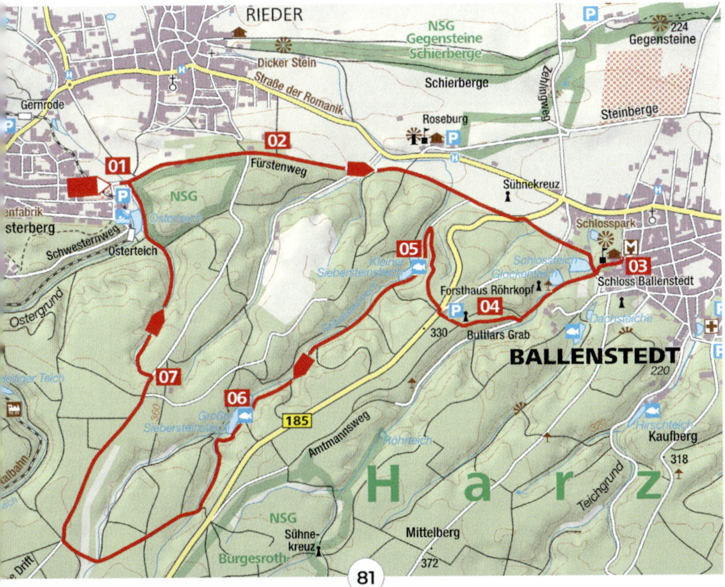

RUINE HOHNSTEIN

Eine der besterhaltenen Burgruinen im Harz

Stolz und beeindruckend erhebt sie sich im Laubwald über Neustadt. In der guterhaltenen Anlage finden sich unter anderem Reste der Oberburg und des inneren Burghofes, der Bergfried, der Palas, mehrere Burgtore, der Brunnen sowie zahlreiche Burgmauern. Ihr Ursprung ist wohl frühestens in der Mitte des 12. Jahrhunderts anzusiedeln. Die Grafen von Ilfeld erwarben die Burg in der Mitte der 1170er-Jahre von den Welfen. Aus den Grafen von Ilfeld wurden schließlich die Grafen von Hohnstein, die sich rasch die Vorherrschaft im Süden des Harzes sicherten. In den 1990er-Jahren wurde die Burg restauriert. Zu Füßen der Ruine befindet sich ein hübsches Gasthaus.

Burgruine Hohnstein

- 8,7 km
- 2:20 h
- 160 hm
- 160 hm

START:

Parkplatz Waldbad Neustadt. Am Waldbad 1.

CHARAKTER: Vornehmlich angenehme Waldwege. Geringe Höhenunterschiede.

> 01 Waldbad Neustadt, 292 m;
> 02 Neustadt im Harz, 263 m;
> 03 Ruine Heinrichsburg, 350 m;
> 04 Rastplatz, 385 m;
> 05 Kaiserweg, 423 m;
> 06 Burg Hohnstein, 375 m

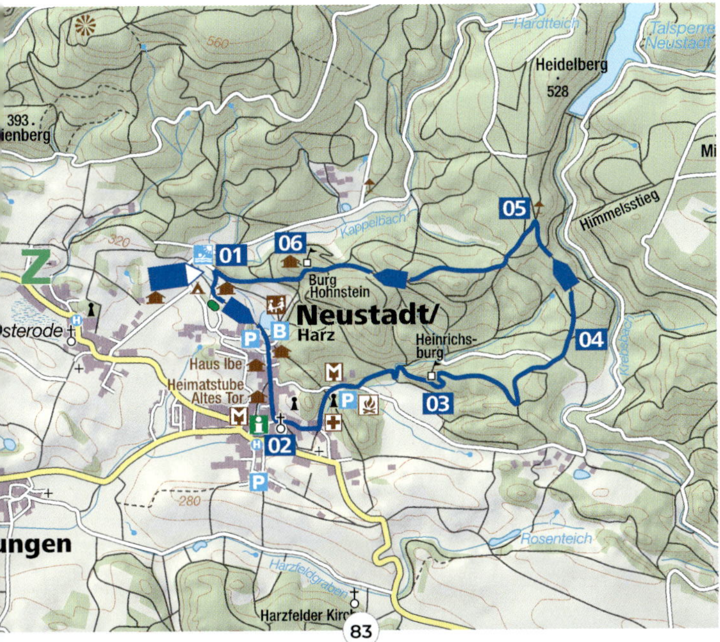

TOUREN TIPP

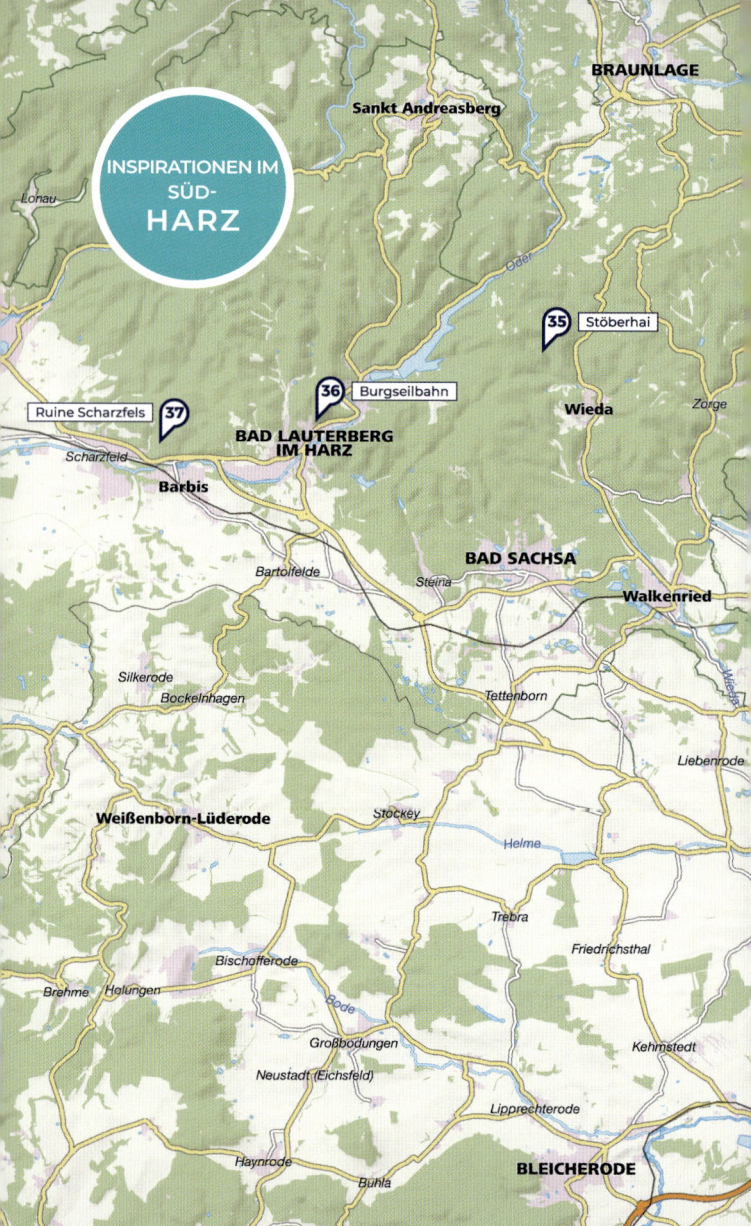

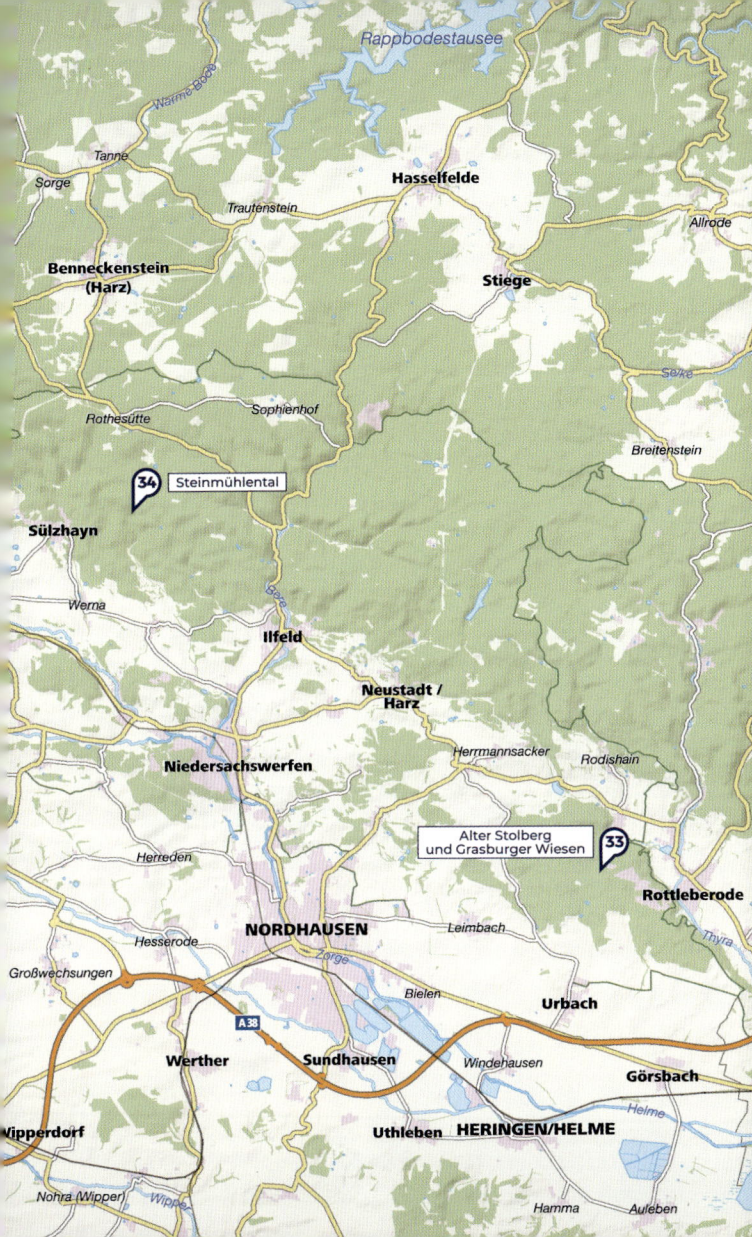

33 NATURSCHUTZGEBIET ALTER STOLBERG

In der Gipskarstlandschaft

Das Naturschutzgebiet Alter Stolberg und Grasburger Wiesen gehört zur Gipskarstlandschaft des Südharzer Zechsteingürtels und befindet sich zum überwiegenden Teil im Krebsbach- und im Thyratal. In den steileren Lagen gedeiht der Haimsimsen-Rotbuchenwald, an den unteren Hängen finden wir vor allem Eschen- und Bergahorn-Schluchtwald. Besonders in den Feuchtgebieten der stehenden Gewässer gibt es seltene Arten wie Teichrohrsänger oder die Rohrweihe.

Überblick Stolberg im Harz

- 17,2 km
- 4:40 h
- 320 hm
- 320 hm

TOUREN TIPP

START: Kalkhütte. Von Urbach aus den „Heideweg" bis ganz zum Ende fahren.

CHARAKTER: Schöne Waldwege und auch Pfade, gerade im Alten Stolberg herrliche Natur. Orientierungsvermögen ist im ersten Abschnitt um den Königskopf herum angesagt: hier ist schlecht markiert, es gibt eine Umleitung.

01 Kalkhütte, 277 m; **02** Stein Nr. 100, 325 m; **03** Backsteinhäuschen, 261 m; **04** Umleitung, 240 m; **05** Stempeda, 217 m; **06** Abzweig Grünes Dreieck, 277 m; **07** Grasburger Mühle, 256 m; **08** Rottleberode, 205 m; **09** Gipsschauhöhle Heimkehle, 203 m; **10** Löwen-Grenzstein, 297 m

DAS STEINMÜHLENTAL

Die Sage vom grantigen Müller

Das Steinmühlental erhielt seinen Namen von der 1756 hier erbauten Steinmühle. Von der Säge- und Getreidemühle sind jedoch nur noch spärliche Ruinenreste vorhanden. Viele Sagen und Geschichten ranken sich um das mystische Steinmühlental: Eine Version davon berichtet von einem griesgrämigen, alten Müller und seiner Mühle. In einer stürmischen, durchnässten Nacht baten zwei Fremde um Unterschlupf und ein wenig zu Essen. Der Müller drückte ihnen ein in Lumpen gehülltes Bündel in die Hand und scheuchte sie in die kalte Nacht hinaus. Verfroren und patschnass packten sie es aus – und hielten lediglich ein paar Steine in der Hand. Daraufhin sollen sie den Müller und die Mühle verflucht haben, denn seit diesem Zeitpunkt mahlte die Mühle das Getreide nur noch zu Steinmehl.

Alter Köhlerofen

- 10,2 km
- 3:00 h
- 238 hm
- 238 hm

START: Parkplatz an der B4. Ca. 2 km nach Rotheshütte an der B4. In Rotheshütte gibt es auch einen Parkplatz, der jedoch zu Recherchezeiten gesperrt war.

CHARAKTER: Vornehmlich breite, gut zu gehende Waldwege und angenehme Steigungen.

TOUREN TIPP

> **01** Parkplatz B4, 507 m; **02** Interhotel, 540 m; **03** Steinmühlental, 428 m; **04** Köhleröfen, 597 m

STÖBERHAI

Aussichtsberg im Südharz

Der Stöberhai ist mit seinen gut 720 Metern Höhe der höchste Berg des Südharzes. Er erhebt sich zwischen dem Oderstausee und dem Bergstädtchen Wieda. Ende des 19. Jahrhunderts wurde hier das Berghotel Stöberhai erbaut. Es besaß einen Aussichtsturm, der Weitblicke bis in das südliche Harzvorland hinein ermöglichte. 1975 wurde der Betrieb eigestellt, 1980 brannte das gesamte Gebäude nieder. In den Zeiten des Kalten Krieges stand hier einer von fünf Aufklärungstürmen der BRD, von dem der militärische Funkverkehr auf dem Gebiet der DDR abgehört wurde. Im September 2005 wurde er neben weiteren Gebäuden aus dieser Zeit gesprengt. Heute ziert nur noch ein bescheidenes Schutzhüttchen seinen Gipfel. Schon eh und je ein beliebtes und bekanntes Ausflugsziel, war der Stöberhai seit 1899 über die Südharzeisenbahn ebenfalls gut erreichbar. Die Strecke wurde jedoch ab 1963 zurückgebaut. Noch immer führen zahlreiche Wanderwege auf seinen Gipfel.

Blick von oben auf Wieda

- 15,3 km
- 4:00 h
- 475 hm
- 475 hm

TOUREN TIPP

START: Kleiner Parkplatz am Ende der „Pfarrwiese" in Wieda.

CHARAKTER: Die Runde verläuft hauptsächlich auf bequemen Forst- und Waldwegen. Nach der Hans-Peters-Hütte wird es im Wald mal kurz ein wenig schmäler, steiler und matschig.

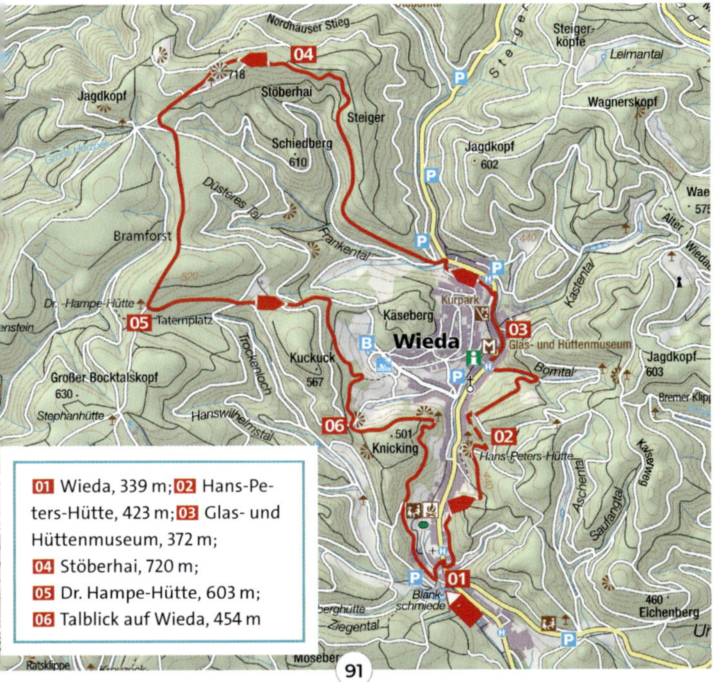

01 Wieda, 339 m; 02 Hans-Peters-Hütte, 423 m; 03 Glas- und Hüttenmuseum, 372 m; 04 Stöberhai, 720 m; 05 Dr. Hampe-Hütte, 603 m; 06 Talblick auf Wieda, 454 m

BURG-SEILBAHN

Bequemer Seilbahnaufstieg

Mit der Burgseilbahn schwebt man 110 Höhenmeter hinauf zum Burgberg von Bad Lauterberg. Die Seilbahn ist eine der steilsten Doppelsesselbahnen in Deutschland mit einer Steigung von 63%. Sie wurde im August 1954 in Betrieb genommen.

Die Seilbahn

- 16,4 km
- 4:25 h
- 690 hm
- 690 hm

TOUREN TIPP

START: Bad Lauterberg. Sonntags kostenfreies Parken. Unter der Woche unterschiedliche Höchstparkdauer im Zentrum und in der Wissmannstraße. Kostenfreies Parken Mo-So in der Lutterstraße hinter den Supermärkten.

CHARAKTER: Lange Rundwanderung, die größtenteils auf bequemen Wegen verläuft. Der Abstieg vom Bismarckturm ist steil, der Pfad vom Knollen hinab ist meist gut zu laufen.

> 01 Bad Lauterberg, 289 m;
> 02 Bismarckturm, 533 m;
> 03 Kupferhütte, 326 m;
> 04 Knollental, 459 m;
> 05 Großer Knollen, 687 m;
> 06 Knollenkreuz, 489 m;
> 07 Abzweig 13D, 323 m;
> 08 Berggaststätte, 416 m

DIE RUINE SCHARZFELS

Auf Waldpfaden zur einer Ritterburg und einer Schauhöhle

Die Ruine Scharzfels liegt auf einem Dolomitenfels und ragt stolz gut 150 Meter über dem Odertal empor. Die Burg wurde vermutlich im frühen 12. Jahrhundert auf den Resten einer noch älteren Befestigungsanlage erbaut. Sie liegt sehr exponiert und galt als uneinnehmbar. Vom Bauernkrieg und dem 30-jährigen Krieg verschont geblieben, wurde sie im Siebenjährigen Krieg dann von den Franzosen belagert und schließlich in Brand gesteckt. Auf unserer heutigen Wanderung ist sie unsere erste Anlaufstelle.

Mauerreste der Ruine Scharzfels

- 12,4 km
- 3:20 h
- 349 hm
- 349 hm

TOUREN TIPP

START: Parkplatz im Domänenweg in Scharzfeld. Der Wanderparkplatz am Olthorntalweg war zu Recherchezeiten gesperrt.

CHARAKTER: Die Pfade nach der Ruine Scharzfels sind sehr steil, ebenso kurz nach dem Ortsrand von Scharzfeld. Der folgende Pfad ist steil und immer wieder versperren umgestürzte Bäume den Weg. Hier ist extreme Vorsicht geboten!

- 01 Bad Lauterberg, 257 m;
- 02 Ruine Scharzfels, 397 m;
- 03 Einhornhöhle, 368 m;
- 04 Naturschwimmbad Scharzfeld, 264 m;
- 05 Göttinger Hütte, 401 m;
- 06 Wassertretstelle, 340 m

HINWEISE, TIPPS
und Legende

Beste Reisezeit

Die schönste Jahreszeit zum Wandern – nicht nur im Harz – ist von Frühsommer bis Spätherbst. Mitte Mai, wenn der Frühling bereits alles erblühen lässt, hat ebenso seine Reize wie Mitte Oktober, wenn der Herbst die Umgebung in goldene Farben taucht. Viele Wege kann man aber auch im Winter gehen, wenn es allerdings noch nicht allzu viel geschneit hat. Bei unsicheren Wetterverhältnissen ist es immer angebracht, auch wenn die Sonne noch so schön vom Himmel lacht, Regenausrüstung einzupacken. Denn auch in den Mittelgebirgen kann einen schnell einmal ein Schauer überraschen. Wir sprechen hier aus eigener Erfahrung. Ein Rucksack mit Getränken ist auch nie verkehrt – auf einigen Touren gibt es keine Einkehrmöglichkeit. Zudem laden oft Sitzgelegenheiten am Wald- oder Wiesenrand zu einer schönen Pause ein.

Beschaffenheit der Wege und Orientierungshilfen

Man kann den Großteil der Wege gut begehen. Was jedoch unbedingt immer dabei sein sollte, ist eine Wanderkarte des Gebietes. Die Wege sind zwar sehr gut beschrieben und meistens auch gut ausgeschildert, doch im Laufe der Zeit ist es immer möglich, dass sich ein

Weg ändert oder aufgegeben wird. Wir empfehlen unsere Wanderkarte Harz, beziehungsweise stellen die meisten Gemeinden solche kleinen Wanderkärtchen von ihrem Gebiet zur Verfügung.

Anreise mit dem öffentlichen Nahverkehr
Alle Städte am Rande des Harzes sowie viele Orte in der Mitte werden vom Verkehrsnetz der Deutschen Bahn bedient. Es gibt zahlreiche Busverbindungen der Harzer Verkehrsbetriebe (https://hvb-harz.de) und sogar eine Buslinie durch den Nationalpark. Die Nationalparkbusse fahren von Bad Harzburg von April bis November. Infos unter www.kvg-braunschweig.de/Fahrplan/Linien sowie www.hatix.info. Durch den Harz fahren drei Schmalspurlinien: Die Harzquerbahn verkehrt zwischen Wernigerode und Nordhausen. Die Brockenbahn verzweigt sich am Bahnhof Drei Annen Hohe. Von hier aus fährt die Harzquerbahn ins Harzer Vorland. Die Brockenbahn kämpft sich übrigens auch im Winter auf den Brocken, so lange nicht zu viel Schnee liegt. Die Selketalbahn schließlich fährt von Gernrode los und verzweigt sich in Alexisbad nach Harzgerode und Straßberg.
Infos unter:
www.harzbahn.de
www.hsb-wr.de.

HINWEISE, TIPPS und Legende

Schwierigkeitsgrade

Der Harz ist ein Mittelgebirge in Deutschland und das höchste Gebirge Norddeutschlands. Ein häufiges Auf und Ab ist daher bei den allermeisten Touren keine Seltenheit. Die Wege selbst sind zum Großteil gut begehbar; Ordentliches Schuhwerk ist eine Selbstverständlichkeit.

Leicht

Diese Touren sind gut markiert und führen zum Großteil auf breiten, gut erkennbaren und bequemen Wegen mit nur mäßigen Steigungen.

Mittel

Auch diese Wege sind zumeist gut zu gehen, manchmal braucht man auf Grund fehlender Markierungen ein wenig Orientierungssinn. Hier kann es auch mal länger und steiler bergauf oder bergab gehen. Schmale, wurzelige Pfade machen die Touren schwieriger.

Schwer

Diese Touren zeichnen sich vornehmlich durch lange Strecken aus, oft ab 17 km. Dementsprechend verlängern sich die Gehzeiten. Sollte die Strecke doch mal kürzer sein, dann besticht die Tour durch steile An- und Abstiege oder enthält Wegabschnitte, die auf Grund ihrer Beschaffenheit die Tour als eine schwarze Tour auszeichnen.

Verkehr

Symbol	Bezeichnung
	Autobahn
	Schnellstraße
	Hauptstraße / Bundesstraße
	Nebenstraße, schmale Nebenstraße
	Fahrweg, Forstweg / Güterweg
	Karrenweg
	Fußweg, Steig
	Gletscherübergang
	Straße in Planung, Straße in Bau
	Tunnel
	Eisenbahn mit Bahnhof / Haltestelle
	Eisenbahntunnel
	S-Bahn
	Standseilbahn
	Seilbahn, Gondelbahn
	Sessellift
	Schifffahrtslinie
	Hafen
	Schiffsanlegestelle
	Personenfähre
	Autofähre
	Parkplatz, Parkhaus
	Bushaltestelle
	Flughafen
	Flugplatz / Sportflugplatz

Relief und Vegetation

- Gewässer, Sumpf / Moor
- Heide, Sand
- Wald, Kampfwald (Latschen, Krummholz)
- Fels, Geröll
- Naturschutzgebiet / Nationalpark / Naturpark
- Höhenlinien Äquidistanz 20m
- Wein, Obst / Hopfen

Sport und Freizeit

- Minigolf, Spielplatz
- Fitnessparcours, Grillplatz
- Klettersteig, gesicherter Wegabschnitt
- Wildpark, Findling
- Bootsverleih, Angeln
- Hallenbad, Freibad / Badesee
- Sportplatz, Sprungschanze

Touristische Hinweise

- Information, Jugendherberge
- Hotel / Gasthof / Restaurant
- Schutzhütte / Berggasthof (im Sommer und Winter)
- Schutzhütte / Berggasthof (Sommerbewirtschaftung)
- Jausenstation / Almwirtschaft / Imbissstube
- Buschenschenke / Heuriger, Unterstand
- Hütte / Biwak (unbewirtschaftet)
- Campingplatz, Sehenswürdigkeit
- Museum, Museumsbahn
- Krankenhaus / Notarztstation
- Aussichtsturm
- Schöner Ausblick, Rundblick
- Kirche, Wallfahrtskirche
- Kapelle, Denkmal
- Burg / Schloss, Ruine
- Kloster
- Ausgrabungen, ehemalige Festung
- Wegkreuz
- Bildstock, Bildbaum
- Höhenpunkt, Gipfelkreuz

Der Kartenmaßstab dieses Ratgebers variiert; die Tourenkarten dienen der Orientierung. Karten mit dem Maßstab 1:50.000 findest du in unserem Kompass-Wanderführer „Harz".

NOCH MEHR
Inspirationen

Unsere Inspirationen beinhalten alle Wandertouren als Tipps und als Vorschlag, um ans Ziel zu kommen. Ausführliche Beschreibungen und noch viele weitere Tourenvorschläge findet man in unseren Wanderführen und weiteren Outdoor Reihen wie „Dein Augenblick" und „Endlich".

Ein weiterer Tipp ist die KOMPASS Wanderkarte. Damit lassen sich Touren perfekt planen und auch die Orientierung bei schwierigeren Touren ist damit perfekt zu bewältigen. KOMPASS Wanderkarten zeigen alle Informationen der Landschaft. So lassen sich auch noch weniger bekannte Orte, kleine Seen, versteckte Gipfel und wilde Bäche finden. Eine Wanderkarte ist wie eine Schatzkarte für neue Ziele. Sie zeigt auch, welche Wanderwege, Fahrradwege, Klettersteige und Zufahrtsstraßen es gibt. Öffentliche Verkehrsmittel sind ebenfalls eingezeichnet, genauso wie Parkplätze, Hütten und Almen.

Eine Wanderkarte voller Vorfreude auszubreiten ist schon der erste Schritt in den Urlaub oder das neue Abenteuer. Sie ist aber auch ein herrliches Erinnerungsstück an all die Erlebnisse, die man damit verbindet.

DIE PASSENDEN WANDERFÜHRER
& GEDRUCKTE KARTEN

Dein Augenblick Harz

mit 30 Touren zu Traumzielen

Wanderführer Harz

mit 60 Touren und Extra-Tourenkarte

Wanderkarten Harz

2-teiliges Wanderkarten-Set

IMPRESSUM

Herausgeber: © KOMPASS-Karten GmbH
Karl-Kapferer-Straße 5, A-6020 Innsbruck
1. Auflage 2024 (24.01), Verlagsnummer 8117,
ISBN 978-3-99154-120-2

Konzept und Bildnachweis
Konzept & Gestaltung: © KOMPASS-Karten GmbH
Projektbetreuung: Julia Flory, KOMPASS-Karten GmbH
Text: KOMPASS-Karten Autorin Lisa Aigner
und KOMPASS-Karten GmbH
Grafische und kartografische Herstellung: © KOMPASS-Karten GmbH
Kartenausschnitte: © KOMPASS-Karten GmbH unter Verwendung
OpenStreetMap Contributors (www.openstreetmap.org)
Titelbild: Der Brocken im Nebel © kentauros - stock.adobe.com;
Design: Kompass Karten GmbH

Bildnachweis:
Alle Bilder stammen (falls nicht anders angegeben) von Lisa Aigner
S.3: © Ronny - stock.adobe.com; S.12: © kentauros - stock.adobe.com; S.16: © fhoberg_de - stock.adobe.com; S.18: © riebevonsehl - stock.adobe.com; S.24: © Klaus Brauner - stock.adobe.com; S.28: © Axel Hindemith, CC BY 3.0; S.30: © guidowalter15 - stock.adobe.com; S.44: © Ina Meer Sommer - stock.adobe.com; S.54: © Wusel007 - Eigenes Werk, CC BY-SA 3.0; S.60: © K I Photography - stock.adobe.com; S.62: © 80 rechts unten; S.78: © Olaf Meister - Eigenes Werk, CC BY-SA 4.0; S.80: © dk-fotowelt - stock.adobe.com: S.86: © dmaphoto - stock.adobe.com; S.92: © Von Stefan Bellini - Eigenes Werk, CC0; S.104: © riebevonsehl - stock.adobe.com;

Alle Angaben und Routenbeschreibungen wurden nach bestem Wissen gemäß unserer derzeitigen Informationslage gemacht. Die Wanderungen wurden sehr sorgfältig ausgewählt und beschrieben, Schwierigkeiten werden im Text kurz angegeben. Es können jedoch Änderungen an Wegen und im aktuellen Naturzustand eintreten. Wanderer und alle Kartenbenützer müssen darauf achten, dass aufgrund ständiger Veränderungen die Wegzustände bezüglich Begehbarkeit sich nicht mit den Angaben in der Karte decken müssen. Wir aktualisieren unsere Karten und Touren in regelmäßigen Abständen. Dies kann unter Umständen auch dazu führen, dass sich die Inhalte der digitalen Version eines freigeschalteten Wander- oder Fahrradführers bzw. einer Karte, von dem erworbenen Printprodukt unterscheiden. Diese Aktualisierungen sind aus rechtlichen oder sicherheitsrelevanten Gründen erforderlich und ein kostenloser Service mit Mehrwert für alle NutzerInnen. Die Verwendung dieses Führers erfolgt ausschließlich auf eigenes Risiko und auf eigene Gefahr, somit eigenverantwortlich. Eine Haftung für etwaige Unfälle oder Schäden jeder Art wird daher nicht übernommen. Für Berichtigungen und Verbesserungsvorschläge ist die Redaktion stets dankbar. Korrekturhinweise bitte an folgende Anschrift:

KOMPASS-Karten GmbH
Karl-Kapferer-Straße 5
A-6020 Innsbruck
www.kompass.de/service/kontakt